Albert Molt
Der deutsche Festungsbau von der Memel zum Atlantik 1900–1945

Albert Molt

Der deutsche Festungsbau von der Memel zum Atlantik 1900–1945

Festungspioniere · Ingenieurkorps · Pioniertruppe

DÖRFLER
ZEITGESCHICHTE

© Podzun-Pallas-Verlag GmbH, Wölfersheim-Berstadt
Genehmigte Lizenzausgabe für „Edition DÖRFLER" im
NEBEL VERLAG GmbH, Utting

Verantwortlich für den Inhalt ist der Autor.

3 4 5   5 4 3 2

Inhalt

Vorwort

Burgen, Stadt- und andere Befestigungen alter Zeiten zeigen sich zumeist als auffallende, prächtig anzuschauende, geheimnisumwitterte Zeugen der Vergangenheit. Bei neuzeitlichen, der Verteidigung dienenden Bauten, entfällt das vage Vermuten böser Geschehnisse eines Ritters Kunibert. Weil ihre Gestaltung, ihre Stärke, ihre Bewaffnung geheim behandelt wurden und werden, besteht ein neugieriges Interesse.

Noch vor hundert Jahren konnten Planung und Bauausführung eines Festungsteiles, also eines Forts, bis zu sechs Jahre dauern. Der 1. Weltkrieg entwertete die bisherigen Festungssysteme. An ihrer Stelle kam die neue Festungsbaumanier mit dem Bau strategisch wertvoller Stellungslinien auf. Die 1929-1932 erbaute Maginotlinie Frankreichs galt für einige europäische Staaten als beispielhaftes Muster.

Nach seiner Machtübernahme zeigte Hitler große Eile mit politischen Programmen. Er glaubte, nur mit einer starken Armee hinter starken Grenzbefestigungen sein Ziel zu erreichen. Im Osten war schon um 1930 in bescheidenem Umfang mit geringen Befestigungen gegenüber Polen begonnen worden, im Westen ab 1935 noch schwach, ab 1937 verstärkt entlang der Grenzen zu Frankreich. Planung und Bauausführung lagen bei der Inspektion der Festungen im Oberkommando des Heeres und den Stäben der Festungspioniere. Diese Organisation war zu klein, um den plötzlich überzogenen Forderungen des Führers des Deutschen Reiches zeitgerecht nachzukommen, es fehlten zudem Haushaltsmittel, zugestandene Baustoffe und in zivile Bereiche reichende Befugnisse. Auf Wunsch Hitlers trat der Generalinspektor für das deutsche Straßenwesen, Dr. Ing. Todt, auf den Plan, um die Sache in die Hand zu nehmen. Auch er schaffte das Programm nicht.

In der Nachkriegsliteratur wird fast rundum die Todt'sche Baubehörde, kurz OT genannt, als allein wirkende Kraft dargestellt, die Festungspioniere werden übergangen. Dies veranlaßte mich als ehemaligen Festungspionier, der von 1930-1945 in Planung und Bauausführung in Ost- und Westdeutschland sowie am Atlantikwall mitwirkte, aus eigenem Wissen und Erleben zu berichten. Mit einer Dokumentation über die Festungspioniere hatte Oberst a.D. Dr. Roos begonnen, er starb über der Arbeit 1965. Seine Unterlagen sollen dem Militärarchiv in Freiburg übergeben worden sein.

Die vorliegende Schrift beginnt mit dem deutschen Festungsbau vor dem 1. Weltkrieg, um zu zeigen, wie stark und neuzeitlich schon damals geplant und gebaut werden konnte, wie gering im Verhältnis dazu die Festungsbauten im Dritten Reich waren, doch hier fehlte vor allem die Zeit, um entsprechende Festungswaffen- und Panzerungen herzustellen. Bedanken möchte ich mich hier für die Hilfe, die der Leiter des Archivs der Pionierschule und Fachschule des Heeres für Bautechnik, Oberstltn. Noehl, auch die Kameraden Kurth und Rehse sowie in memoriam Oberst d.G. Helmdach gegeben haben.

In diesem Buch können die vielseitigen Aufgaben und Leistungen der Festungspioniere leider nur in beschränktem Umfange gewürdigt werden. Wer sie selbst erlebt hat, kann beurteilen, welche Hilfe die kämpfende Truppe an diesen Pionieren hatte, weiß, wie sie auch zu den Waffen griffen, ihr Leben einsetzten. Die Kameraden aller Dienstgrade sollen hier gebührend geehrt sein.

Wiesbaden, im Frühjahr 1988   Albert Molt

Die politische Lage
um die Jahrhundertwende

Mit dem nach sechs Jahrhunderten wieder zusammengefundenen Deutschen Reich war 1871 eine, den anderen europäischen Nationen ungelegene Großmacht erstanden. Frankreich sann auf Rache für die Niederlage von 1870, wollte außer Elsaß-Lothringen den Rhein überhaupt als Grenze wissen. Großbritannien mißfiel die Konkurrenz der deutschen Wirtschaftskraft ebenso wie die entstehende Kriegsmarine zum Schutze der Kolonien und der Handelsflotte. Das große Zarenreich wollte seine Grenzen im Westen bis zur Elbe vorgeschoben sehen. Diese Mächte schlossen sich 1904 mit dem Ziel, das Deutsche Reich zu vernichten, zur Entente cordiale zusammen. In Frankreich wünschten sich Politiker wieder ein Deutschland in der Art nach dem Westfälischen Frieden von 1648, also eine Anhäufung vieler Ländchen, ohne nachbarliche Bindung, eher zerstritten und uneinig.

Die Zeit nach den Weltkriegen ist voller Anklagen darüber, welche verfehlte Außenpolitik das Deutsche Reich betrieben habe. Doch wie sollte die Reichsregierung sich verhalten, was tun, um die Gegenseite zu befriedigen? Konnte etwa freiwillig auf den Osten bis zur Elbe, im Westen auf das linksrheinische Gebiet verzichtet, die Wirtschaft eingedämmt werden? Kein Land auf der Welt hätte solches Unterfangen auf sich genommen, der Empörungsschrei wohl aller Parteien hätte die Preisgabe von Millionen Deutschen, dem wirtschaftlichen, mit größter Arbeitslosigkeit verbundenen Niedergang, verhindert.

Das Deutsche Reich war gezwungen, sich gegen die Gelüste der Anrainerstaaten militärisch abzusichern. Die ersten Verteidigungsmaßnahmen waren seit altersher das Befestigen der Grenzen, der wichtigen Städte und Plätze, um bei Überraschungsangriffen zumindest einen ersten Halt zu bieten sowie zugleich ein Rückgrat für den Aufmarsch der Heere bei einer Mobilmachung zu schaffen.

Bestand an Festungen

An den Ostgrenzen bestanden um 1900 die Festungen Königsberg, Lötzen/Boyen, Danzig, Graudenz, Kulm, Thorn, Posen, Stettin, Küstrin, Glogau, Breslau, Brieg, Cosel, Neiße und Glatz. Von größerer Bedeutung waren und blieben im wesentlichen die grenznäheren Anlagen, vor allem Königsberg, Lötzen und die an der Weichsel. Im Westen und Süden sind zu nennen Metz, Diedenhofen, Bitsch, Zabern, Straßburg, Sperrfeste Kaiser Wilhelm bei Mutzig, Neu-Breisach, Hüningen, Neuenburg, Isteiner Klotz, Ulm und Ingolstadt. Die Küstenbereiche sicherten die Kriegshäfen und Festungen Wilhelmshaven, Helgoland, Geestemünde (im heutigen Bremerhaven), Cuxhaven, Kiel, Swinemünde, Weichsel-Neufahrwasser und Pillau.

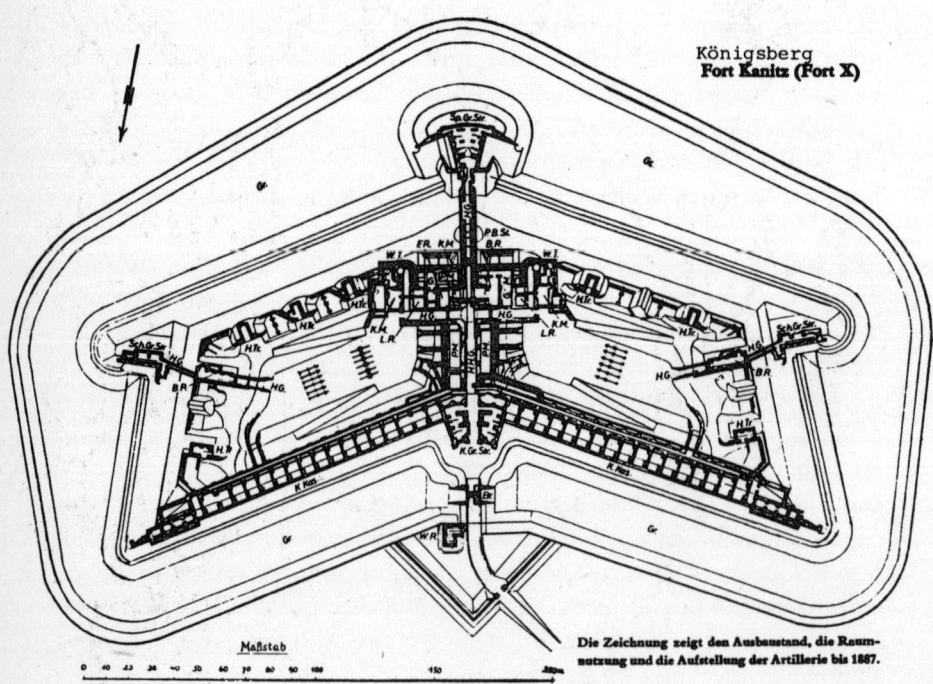

Königsberg
Fort Kanitz (Fort X)

Maßstab

Die Zeichnung zeigt den Ausbaustand, die Raumnutzung und die Aufstellung der Artillerie bis 1887.

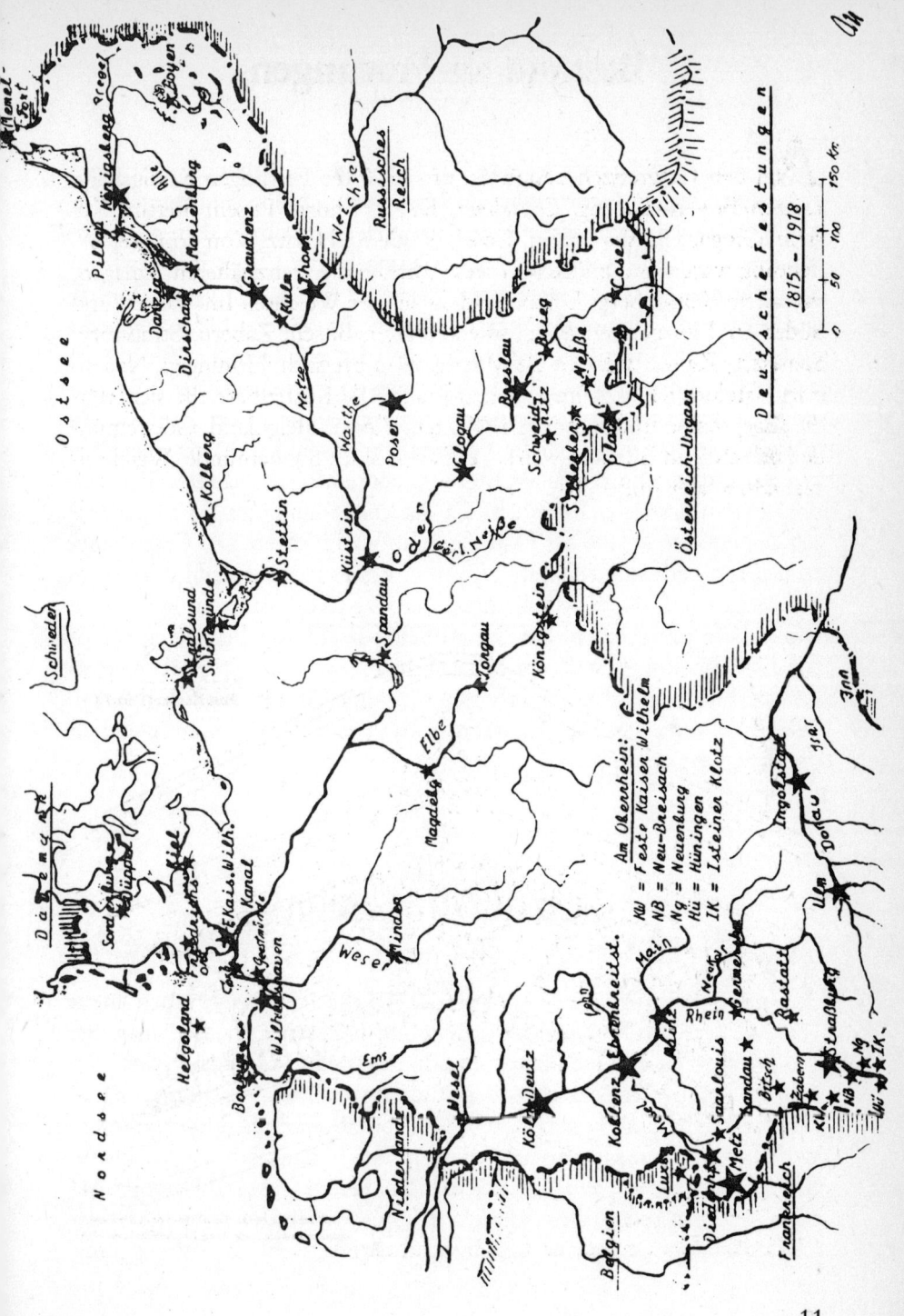

Deutsche Festungen
1815 – 1918

11

Strategische Gedanken

Für den Ausbau oder weitere Verstärkungen bestehender Festungen traten im Großen Generalstab, zumeist nach dem Gedankengut der jeweiligen Chefs, gegensätzliche Anschauungen auf, ob bei dem zu erwartenden Zweifrontenkrieg die Entscheidung an der Ost- oder Westfront zu suchen sei. Das bedeutete einen stärkeren Ausbau im Osten, hinhaltende Verteidigung im Westen oder umgekehrt. Zuletzt blieb die Forderung des GFM Graf v. Schlieffen für die Planung. Demgemäß sollte an der Westfront der starke Flügel der Armee im Vormarsch durch Belgien und Nordfrankreich die französische Armee in einer Umfassungsschlacht vernichten, wobei die Vogesenfront im Süden defensiv gehalten werden müsse. Die deutsche Ostgrenze sollte hinhaltend verteidigt werden. Damit wurde es dringlich, die Westbefestigung zu verstärken, sie auf den neuesten Stand der Festungstechnik zu bringen. Der Osten mußte sich mit geringeren Haushaltmitteln bescheiden, obwohl dort vieles zu tun gewesen wäre, vor allem bei den Weichselfestungen, in und um Königsberg und Lötzen. Bei der großen Anzahl von Festungen waren für das Gesamtprogramm der Bauausführungen enorme Ausgaben erforderlich. Der Generalstab mußte sich mit seinen Beschlüssen dem bewilligten Etat anpassen. Die Generalinspekteure der Festungen mußten sich die Baugelder erkämpfen.

Bauausführungen

Unsere Festungen zeigten vor der Jahrhundertwende noch mehr oder weniger die Formen der überholten neupreußischen Manier. Bei dieser Bauweise war die Hauptverteidigungsstellung eine polygonal verlaufende, sturmfreie und widerstandsfähige Stadtumwallung, deren Hauptwall aus einer in der Mitte jedes Frontabschnittes gelegenen stockwerkshohen Grabenwehr nach beiden Seiten flankiert wurde. Dieser Kernumwallung war ein Gürtel von bis zu einem Dutzend Forts im Abstand von zumindest vier bis sechs Kilometern vorgeschoben. Mit der Einführung der gezogenen Geschützrohre, erst recht der Brisanzgranaten, mußte den größeren Reichweiten und der besseren Treffsicherheit durch spätere bauliche Maßnahmen Rechnung getragen werden. Die Stadtumwallungen verloren ihre Bedeutung, wurden als Festungsanlagen in der Regel aufgelassen.

Als ordentliche Festungswerke galten in der Regel nur noch die Forts. Ihr Mauerwerk bestand noch aus Ziegeln oder Bruchsteinen von meist 1,20 bis 2,00 Metern Stärke. Bei einem Teil wurden Decken und Außenwände mit 1,00 Meter Stampfbeton verstärkt. Den früheren artilleristischen Forderungen entsprechend standen die Batterien auf dem hohen Innenwall der Forts, hatten dort Unterstell- und Bereitschaftsräume. Der damit verbundene Aufzug von bis zu acht Metern über Gelände gefährdete jetzt die Artillerie. Deshalb wurde bei vielen Werken der gesamte Hochwall abgetragen, es ergaben sich daraus Infanterieforts. Die Artillerie bekam stattdessen Erdwerke zwischen und vor den Forts. Bastionen, Kernwerke, Defensivkasernen usw. gingen in Garnisonverwaltungen über, wurden als Kasernen und Depots benützt.

Die Gürtelfestungen erhielten um diese Zeit zwischen den Forts und etwas davor zusätzliche Infanterie- und Artilleriestützpunkte in Stampf- und Stahlbeton, den Aufgaben entsprechend in unterschiedlicher Größe. Von Ulm ist bekannt, daß ab 1900 schon zehn, dann 1914 nochmals 20 solcher Stützpunkte gebaut wurden, wogegen für das wichtigere Königsberg nur fünf ab 1912 genannt sind, die mit den Armierungsarbeiten 1914 vermehrt werden sollten.

Während viele Festungen des Preußischen Königreiches oder des Deutschen Bundes um 1900 bereits nicht mehr zur 1. Ordnung gehörten, weil ihr strategischer Wert entfallen war, konnten bei Neubauten im Westen, vor allem in Metz und Diedenhofen, Panzerkonstruktionen nach neuesten Erkenntnissen eingebaut werden. Auch kamen für Metz nicht mehr einzelstehende Forts, sondern sogenannte Festungsfronten zur Ausführung. Dort entstanden die Festen Lothringen, Leipzig, Kaiserin und Kronprinz. Die Feste Kaiserin wies bis zum Anschluß an Leipzig 2,5 km, an Kronprinz 4 km Zwischenraum auf. Ihre hauptsächlichsten Bauwerke waren

    2 Panzerbatterien für 10 cm Kanonen
    2 Panzerbatterien für 15 cm Haubitzen
    2 Infanteriewerke für 1 Kompanie (250 Mann)
    2 Infanteriestützpunkte.

Dem Gelände entsprechend lagen sie so, daß diese Werkgruppe eine Tiefe von 1100 m, eine Breite von 1200 m, einen Umfang von 3200 m hatte.

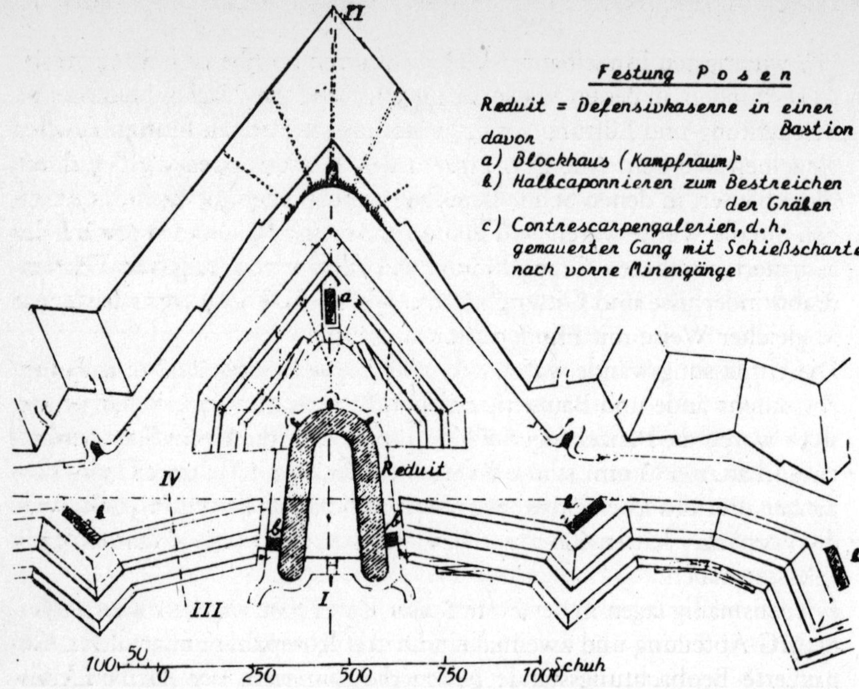

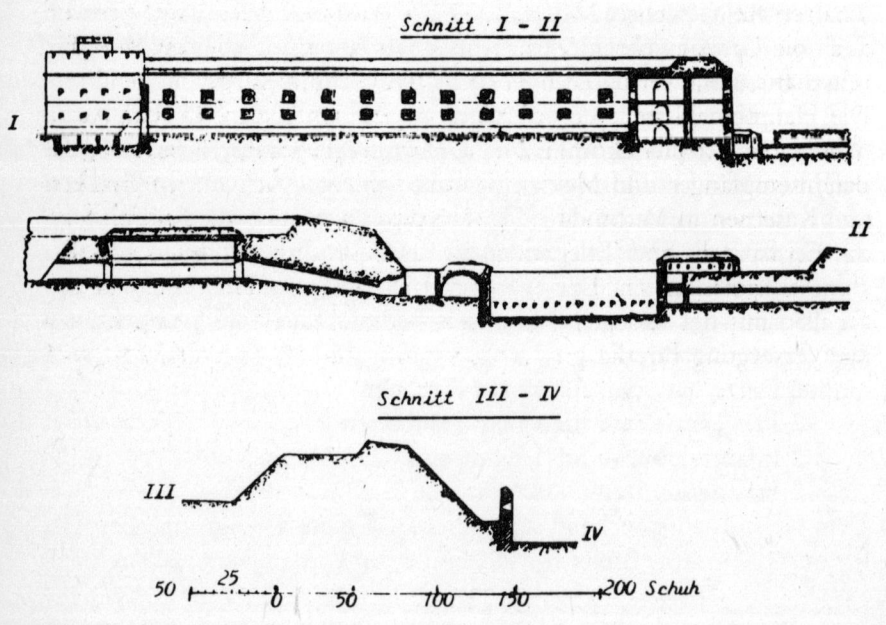

Festung Posen

Reduit = Defensivkaserne in einer
Bastion
davor
a) Blockhaus (Kampfraum)[a]
b) Halbcaponnieren zum Bestreichen
der Gräben
c) Contrescarpengalerien, d.h.
gemauerter Gang mit Schießscharten,
nach vorne Minengänge

Reduit

100 50
0   250   500   750   1000 Schuh

Schnitt I - II

I

II

Schnitt III - IV

III

IV

50   25   0   50   100   150   200 Schuh

14

Die wichtigsten Einzelbauwerke waren durch bombensichere Hohlgänge verbunden, in denen Wasserleitungen, Kabel für Nachrichtenzwecke, Beleuchtung und Lüftung verlegt waren. Feste Straßen führten zu allen einzelnen Werken. Alle Eingänge zu den Werkgruppen wurden durch Blockhäuser, in denen Schnellfeuerkanonen standen, bewacht. Die Gräben um die Werke waren 7-10 m breit, zumeist 5,50 m tief. Vorwärts der gemauerten äußeren Grabenwände wie auch innen, riegelten Flächendrahthindernisse und Gitterzäune die Werke ab. Die gesamte Feste war in gleicher Weise mit Hindernissen umsäumt.

Die Umfassungswände waren i.A. 3,00 m, die Decken 2,50 m in Beton, Zwischenwände und Bauwerksohlen 1,00 m in Mauerwerk. Ungemein stark waren die Panzerungen für die Geschütze, die 10 cm Kanonenbatterien hatten 190 mm starke Panzerkuppeln mit 400 mm dickem Vorpanzer. Für die 15 cm Haubitzen waren die Kuppeln gleich stark, doch die Vorpanzer hatten 605 mm. Diese eine Feste soll 10,2 Millionen Mark gekostet haben.

Friedensmäßig lagen in der Feste Kaiserin vier Kompanien Infanterie, eine MG-Abteilung und zweimal ein Drittel Kompanie Fußartillerie. Gepanzerte Beobachtungsstände hatten die Batterien, der Artilleriekommandeur und der Kommandant der Werkgruppe auf günstigen Höhenplätzen, jeweils verbunden mit ihren Kampfanlagen.

In den Kehlpunkten der Werke befanden sich Kampfräume mit Schießscharten für Gewehre, MG und 7,7 cm Kanonen. Bedarfsweise hatten auch die Grabenwehren 5 cm Schnellfeuerkanonen. Die separaten Bereitschaftsräume verfügten über einen Beobachtungsstand.

Die Hauptbefehlsstelle der Werkgruppe enthielt Räume für den Kommandanten, Artilleriekommandeur, Fernsprechverkehr, Telegrafen, die Befehlsempfänger und Melder. Sie stand mit sämtlichen Einzelwerken und Kasernen in Verbindung. Unterirdisch war auch der Anschluß an das Fernsprech- und Telegrafennetz des Festungsgouverneurs und Festungskommandanten. Der Wasserbedarf der Feste Kaiserin wurde aus Quellen mit tief verlegten Leitungen in die Wasserkeller gedrückt, wo die Versorgung für die gesamte Besatzung für 90 Tage gesichert sein mußte.

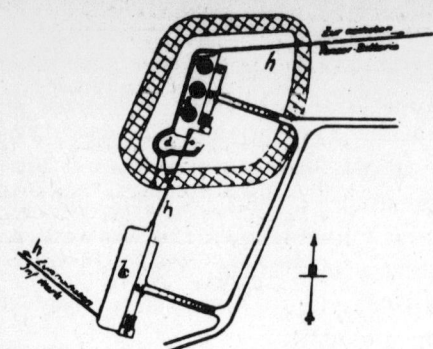

15 cm Haubitzbatterie um 1910

a = Haubitz-Panzertürme
b = Kaserne für die Bedienung
c = Kehlgrabenwehr
d = infanteristische Nahverteidigung
h = Hohlgänge

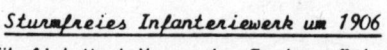

Sturmfreies Infanteriewerk um 1906
ähnlich Werk Verny der Festung Metz

M.ca 1 : 2000

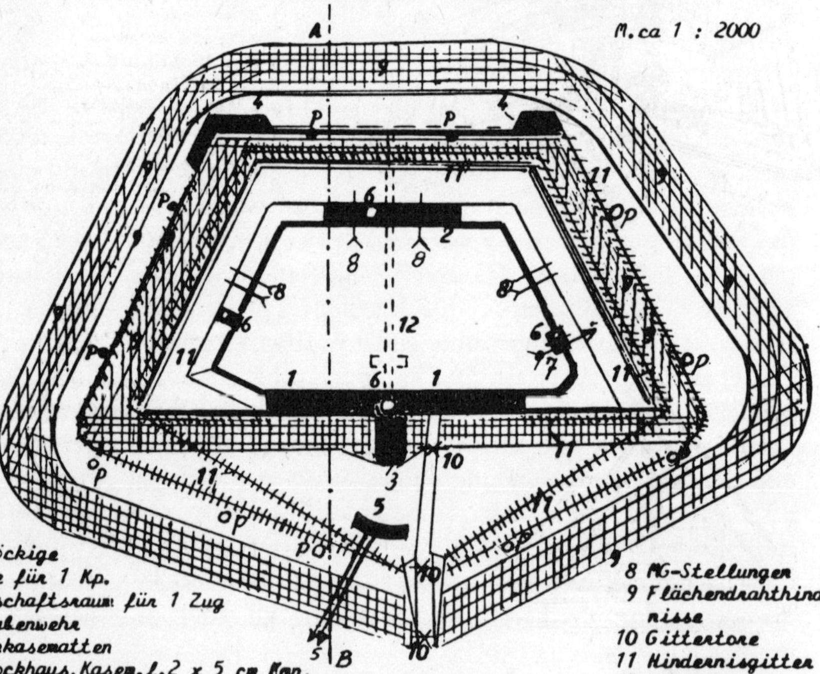

1 zweistöckige
   Kaserne für 1 Kp.
2 Bereitschaftsraum für 1 Zug
3 Kehlgrabenwehr
4 Flankenkasematten
5 Kehlblockhaus, Kasem. f. 2 x 5 cm Kan.
6 Pz-Beobachtungsstände
7 Pz-Kasematte für 9 cm Kanone

8 MG-Stellungen
9 Flächendrahthindernisse
10 Gittertore
11 Hindernisgitter
12 Hohlgang
P Unterschlupfe
   für Posten

Schnitt A - B

16

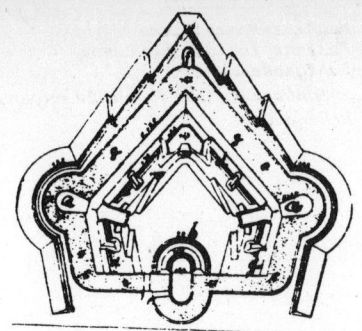

<u>Schema eines neupreußischen Forts</u>
1.Hälfte 19.Jahrhundert
Gezogene Geschützrohre noch nicht bekannt.
600 - 1000 m vor der Stadtumwallung.

a = innere Grabenstreiche
b = Kernwerk
c = freistehende Mauer als Kehlschluß
d = Feuerlinie auf dem Hauptwall
g = trockener oder nasser Graben
f = Blockhaus und freistehende Mauer
    mit Graben ringsum

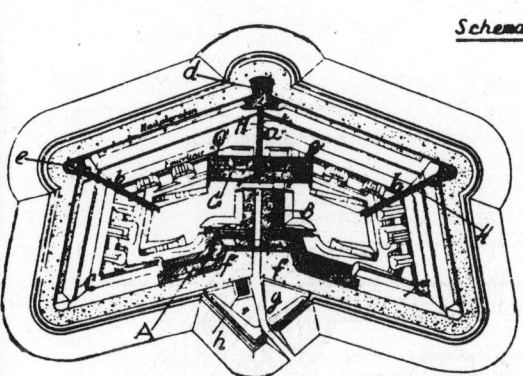

<u>Schema eines deutschen Forts nach 1871</u>

a = Fortspitze
b = Schultern
c = Kehlpunkte
b-c = Flanken
c-c = Kehle
d = Spitzgrabenwehr
e = Schultergrabenwehr
f = Flankenkasematten
g = Kehlwaffenplatz
h = Blockhaus

A = Kehlkaserne
B = Räume für Munition u.Baustoffe
C = Bereitschaftsräume
H = Hohlgänge
O = Beobachtungsstände

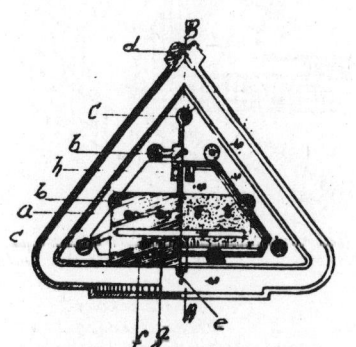

<u>Schema eines Panzereinheitswerkes um 1900</u>

a = Panzertürme für schwere Geschütze
b = Senkpanzer für Nahkampfgeschütze
c = Beobachtungspanzer
d = äußere Grabenwehr
e = Kehlgrabenwehr
f = Kehlkaserne
g = Artillerieräume
h = Bereitschaftsräume

Besatzung etwa je 1 Kompanie
Infanterie und Fuß-(Festungs-)
Artillerie, 1 Zug Pioniere.

Schnitt A-B.

17

Alt-preußische Befestigungs-weise nach Friedrich dem Großen. Mitte 18. Jahrhundert.

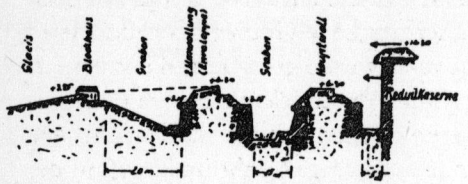

Profil eines alt-preußischen Werkes

Grundrißformen nach 1871

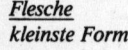
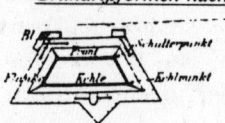
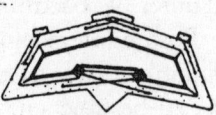

Flesche
kleinste Form

Halbredoute
mittlere Form

Lünette
größte Form eines Forts

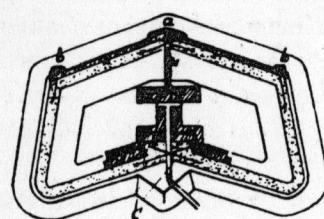

Schema eines Einheitsforts um 1880 mit nach 1887 eingebauten äußeren Grabenstreichen a, b, c.

Taktisch-technische Dienstanweisung um 1900

Nach der Beschreibung einer Werkgruppe der Festung Metz, folgen nachstehend allgemeine Regeln für Planung und Ausführung in der wilhelminischen Festungsbauära.

Als Nahkampfanlagen für die Infanterie waren Infanteriewerke und -stützpunkte, auch Infanteriestellungen vorgesehen. Die I-Werke wur-

18

den grundsätzlich sturmfrei in ständiger Bauart angelegt. Sie ähnelten in der Grundrißform als Lünette, Halbredoute oder Flesche und in der Inneneinrichtung im allgemeinen den bisherigen Forts oder Zwischenforts, von denen auch weiterhin eine Anzahl für die infanteristische Nahverteidigung ausgenützt wurden.

Bei den bis 1914 neugebauten I-Werken ist bemerkenswert, daß der Aufzug nur noch zwei bis drei Meter, der trockene Graben bis neun Meter tief sein sollte. Die äußere Grabenwand wurde gemauert, die innere in Erde geböscht. Die Werkgräben wurden durch kleinkalibrige Geschütze, auf Front und Flanken aus äußeren Grabenwehren, auf der Kehlseite aus der Kehlgrabenwehr bestrichen. Das niedrige Drahthindernis auf der Grabensohle erhielt seine Verstärkung mittels eines drei Meter hohen Gitterhindernisses. Das bis zu 20 m breite Drahthindernis auf dem Glacis stand unter Beobachtung aus gepanzerten Wachttürmen oder splittersicheren Postenunterschlupfen. Aus bombensicheren Kampfräumen in den Kehlpunkten war das Zwischengelände durch Schnellfeuergeschütze oder MG zu bestreichen.

Die ständige Besatzung eines I-Werkes bestand in der Regel aus einer Infanteriekompanie, den Bedienungen für die MG und Schnellfeuergeschütze sowie bei Bedarf aus Pionieren. Die Infanteriekompanien hatten damals noch keine MG, dafür bestanden selbständige MG-Abteilungen. Die Unterkünfte dafür waren in einer zweistöckigen Kaserne, in Bereitschafts- und Wachträumen. Alle Einzelanlagen waren durch Hohlgänge untereinander verbunden.

Auf die Sicherung des Zuganges zu den I-Werken wurde besonderer Wert gelegt. Dieser führte zunächst durch einen aus dem Kehlblockhaus unter Feuer liegendem Hohlweg durch das Drahthindernis der Kehlseite, war dort mit einem Gittertor abgeschlossen. Nach einem zweiten Gittertor mündete der Weg in den Kehlwaffenplatz. Von hier ging es durch die aus der Kehlgrabenwehr bestrichene Grabensohle zum Friedenseingang der Kehlkaserne. Im Armierungsfalle mußte dieser Zugang zugesetzt oder zugemauert werden. Als Ersatz diente dann ein gebrochener, mit Luftdrucktür versehener seitlicher, durch eine Gewehrscharte gesicherter Eingang. Dieser einzige Zugang konnte aber als Falle für die Besatzung wirken, wie 1945 in Königsberg erwiesen.

Für die Fernkampfanlagen der Artillerie wurden Panzerbatterien, Schirmlafetten-Batterien und offene Feuerstellungen geplant und teilweise gebaut. Eine Panzerbatterie hatte zwei bis sechs Flachbahn- oder Steilfeuergeschütze, wobei jedes in einem Panzerturm mit Vorpanzer stand.

Zu einer solchen Batterie gehörten Munitons-, Munitionsarbeits- und Bereitschaftsräume, Verpflegungs-, Sanitäts- und Maschinenraum für Beleuchtung und Lüftung. Die Nahverteidigung und Hindernisgestaltung waren ähnlich denen der I-Werke.

Die kurz vor dem Kriege gebauten zusätzlichen Vor- und Zwischenwerke waren bereits in Stahlbeton von beachtlicher Stärke mit bis zu drei Metern Außenwänden und zwei bis zweieinhalb Metern Decken ausgeführt worden. So entstanden u.a. zweigeschossige Kampfräume für Halbzüge von 50 Mann, deren über die gesamte Frontlänge reichende Panzerung als Raumdecke, einen wesentlich verringerten Aufzug des Bauwerks über dem Gelände ergab. Diese Panzerwand hatte 20 Schießscharten für Gewehre, in der Mitte eine für einen Scheinwerfer. Der oberirdische Zugang war durch rückwärtige Gewehrscharten gesichert und hatte eine Druckschleuse, ähnlich den späteren Gasschleusen. Im Untergeschoß eines solchen Werkes mündete ein betonierter Stollenzugang aus rückwärtigen Anlagen. Hier unten lagen auch Aborte, an der Frontseite befanden sich mittels Stahlträgern zu verschließende Durchbrüche von 80 cm Breite für notfalls vorzutreibende Minenstollen. Neue und alte Festungsideen fanden hier ihren Niederschlag. Dagegen fehlten noch Panzerungen für Maschinengewehre, vermutlich deshalb, weil ihr beweglicher Einbau wie auch das Abführen der Hülsen und die Entlüftung ungelöst waren.

Der Übergang von der althergebrachten Aufstellung der Artillerie, also von den Erdwällen der Forts auf Panzerungen, ging nicht kurzfristig vor sich, wie etwa bei der Verwendung von Beton anstelle des Ziegel- oder Bruchsteinmauerwerks. Der erste deutsche auf einer Drehscheibe bewegliche Geschützturm wurde von dem Pionierhauptmann Schumann entworfen, bis zur Genehmigung durchgefochten und 1860 endlich zur Ausführung gebracht. Seine Zusammenarbeit mit dem Industriellen Gruson, dem Erfinder des Hartgußpanzers und der Hartgußgranate, führte zu einer anhaltenden Verbesserung des Materials für Festungspanzer und zu einer zielbewußten Entwicklung auf diesem Gebiet. Nach und nach kamen hauptsächlich die folgenden Panzertürme zur Einführung:

Drehbarer Panzer-Beobachtungsturm 94 mit den Stärken 150+40=190 mm, Vorpanzer mit 400 mm, beim Modell 96 mit 500 mm Vorpanzer. Feststehender Beobachtungsstand 96 und 05 in den Stärken von 250 mm für die schwere, von 100 mm für die leichte Kuppel.

Versenkbarer Verschwind-Panzerturm mit 190 mm für die Decke und

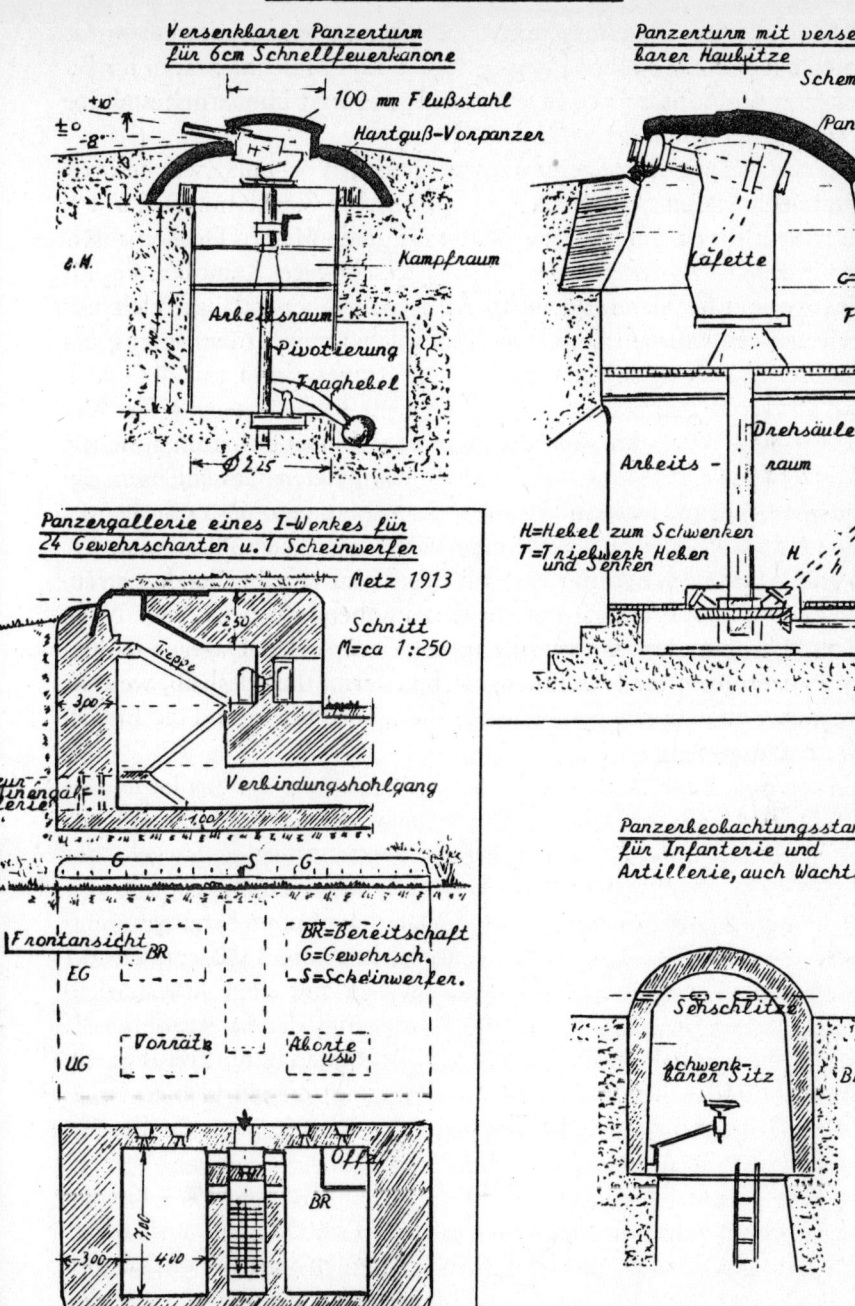

Versenkbarer Panzerturm für 6cm Schnellfeuerkanone

+10°
±0
-8°

100 mm Flußstahl
Hartguß-Vorpanzer

e.M.

Kampfraum

Arbeitsraum
Pivotierung
Traghebel

Ø 2,75

Panzerturm mit versenkbarer Haubitze

Schema

Panzerkuppel
Vorpanzer

Lafette

Drehsäule

Arbeits- raum

H=Hebel zum Schwenken
T=Triebwerk Heben und Senken

H

Panzergallerie eines I-Werkes für 24 Gewehrscharten u. 1 Scheinwerfer

Metz 1913

Schnitt
M=ca 1:250

2,50
3,00

Treppe

Verbindungshohlgang

zur Nachbar-
galerie

1,00

Frontansicht

G   S   G

BR

EG

UG   Vorräte   Aborte usw

BR=Bereitschaft
G=Gewehrsch.
S=Scheinwerfer.

Offz.

BR

7,50

3,00   4,00

Erdgeschoß

Panzerbeobachtungsstand für Infanterie und Artillerie, auch Wachtstand

Sehschlitze

schwenk-
barer Sitz   Beton

21

400 mm für den Vorpanzer. Dieses Modell diente ab 1903 der 6 cm Schnellfeuerkanone.

Drehbarer Panzerturm für 10 cm Kanone mit 190 mm für die Decke und 400 m für den Vorpanzer (1904).

Panzerturm 95 für 15 cm Haubitzen mit 190 mm für die Decke und 605 mm für den Vorpanzer (1906).

Panzerturm für 21 cm Haubitzen mit 240 mm für die Decke und 800 mm für den Vorpanzer (1907).

Drehbarer Panzerturm für zwei 15 cm Ringkanonen in Minimal-Schartenlafetten mit 190 mm für die Decke und 630 mm für den Vorpanzer (1908).

Diese Übersicht läßt erkennen, in welcher Stärke die Festungen im Westen, vor allem Metz, für einen Kampf gerüstet waren. Auffällig sind die dicken Ringe der Vorpanzer. Ihrer Ausführung mögen Beschußversuche aus schweren Mörsern vorangegangen sein, bombenwerfende Flugzeuge waren damals noch nicht bekannt. Die Stahlwerke waren beachtlich leistungsfähig, der Einbau der Panzerungen dürfte ohne die heute gebräuchlichen Transport- und Hebemittel mühsam gewesen sein.

Oberst Augustin, erfahrener Pionier- und Ingenieuroffizier, nach dem 1. Weltkrieg an der Pionierschule der Reichswehr Lehrer und zuletzt bis zu seinem Tode ihr Kommandeur, berichtete eingehend über sein Wissen um Strategie, Taktik und Technik im Festungsbau in der wilhelminischen Epoche. Er erwähnt, wie in den Ausbaustärken der Befestigungen im Osten gegenüber dem Westen unterschieden wurde. Demnach bestand die Annahme, daß ein östlicher Gegner nur über beschränkte Mengen schwerer Artillerie mit Munition verfügen würde, wogegen im Westen mit umfangreicherem Einsatz schwerster Kampfmittel gerechnet wurde. Deshalb wurden u.a. die Festungen Posen und Graudenz mehr in der Form sturmfreier Einheitswerke angelegt. Diese hatten zusätzlich zur Kehlkaserne eine bombensichere Bereitschaftskaserne unter der als Feuerlinie aufgebrachten Wallböschung, um die herum ein tiefer, nasser Graben mit außenseitig betonierten Wänden lief, der aus stark bestückten Grabenstreichen unter Feuer gehalten werden konnte. Die Bereitschaften konnten die Feuerlinie schnell erreichen. Zur Abwehr von anstürmenden Gegnern waren Panzerwachttürme, Sturmabwehrgeschütze unter hebbaren Panzerkuppeln, auch gepanzerte MG-Stände vorhanden. Zwangsläufig war die große Kehlkaserne mit der für die Bereitschaft und den Grabenstreichen durch betonierte Hohlgänge verbunden. In ihr befanden sich Wachlokale, Kommandantenraum, Unterkünfte für die gesamte Besatzung des Werkes, Küchen, Lager- und Munitionsräume, Brunnen, Krankenräume, Maschinenraum mit Betriebsstofflager, Latrinen u.s.f. Was also später in der Maginotlinie gebaut wurde, war im wesentlichen nicht neu, nur dem technischen Fortschritt angepaßt.

Im Jahr 1914 waren nach Oberst Augustin bereits Geschütz-, Beobachtungs-, MG und Scheinwerferpanzer verfügbar, ebenso Panzertreppen und -wände für Graben- und Zwischenraumstreichen sowie Unterstände für Minenwerfer. Den anfangs nur splittersicheren und drehbaren kleinen Beobachtungsständen folgten glockenförmige Panzerbeobachtungstürme mit Sehschlitzen. In den Geschützpanzertürmen saßen die gepanzerten Lafettenwände fest am Panzerturm. Das Geschützrohr hatte seinen Drehpunkt in der Scharte. Die Rohre der Haubitzen endeten dicht außen in einem beweglichen Schartenring, die der Geschütze ragten ins Freie. Höhen- und Seitenveränderung der Rohre geschah durch geringes Heben oder Senken des Pivots, von Hand aus dem Raum unter der Kuppel. Den Rohrrücklauf fing die schwere Masse des Panzerstahls und der Stahlbetonwände voll auf, woraus sich eine schnellere Schußfolge ergab. Die Feuerbefehle gab der Beobachter aus dem zugehörigen Panzerturm über ein Sprechrohr oder telefonisch durch, somit schoß dieser selbst. Zur Absicherung schwacher Stellen bei Beschuß des Gegners, hatten alle Kuppeln mehrteilige Vorpanzer aus Gußstahl, die tief in das Bauwerk reichten. Insgesamt stellte ein solcher Bau eine teuere Anlage dar, zumal noch Hebe- und Transporteinrichtungen für die Munition und das Auswechseln der Rohre hinzu kam. Alle derartige Panzerkonstruktionen kamen wohl nur in den Westbefestigungen zum Einbau.

Organisation der Festungen

An der Spitze einer großen Fortfestung stand der Gouverneur mit seinem Stab. Ihm unterstand der Festungskommandant. Hinzu kamen der Platzmajor, die Ingenieur- und Artillerieoffiziere vom Platz, die Intendantur, Garnisonbauverwaltung, Garnisonverwaltung, Proviantamt, Garnisonarzt, Militärjustiz, Pfarramt und von vorne herein die Fortifikation. Bei kleineren Festungen entfiel der Gouverneur, auch sonst war der Aufwand geringer.

Im Kampf um Festungen waren von alters her Infanterie und Artillerie die prominentesten Truppen. Unentbehrlich waren die Mineure, um die Minenstollen vorzutreiben, aber auch die Sappeure für den Bau von Laufgräben und anderen solchen Erdarbeiten. In Preußen soll schon 1660 eine Mineurkompanie bestanden haben, 1741 hatte das schlesische Pionierregiment unter Oberst von Walrave eine Mineurkompanie. Diese Fachsoldaten waren ursprünglich in Gruppen oder Zügen der Infanterie zugeteilt, in Feldzügen wurde erkannt, wie wichtig diese Truppe ist. Es entstanden Kompanien und selbständige Bataillone. Im kaiserlichen Heer waren dann die Pionierbataillone in solche für den Feld- oder Festungsdienst unterteilt, ihre Ausbildung ermöglichte bei Bedarf gegenseitige Verwendung, also im Festungskampf wie im Brückenbau und nicht zu vergessen im infanteristischen Einsatz.

Mit dem Aufkommen der Telegrafen, dann des Telefons wurde dieses Fachgebiet in den Festungen unentbehrlich, dementsprechend eine solche Truppe, die wie die Pioniere anhaltend verstärkt werden mußte. Dagegen nützte die Kavallerie nicht mehr viel, gehörte aber eben noch zum Bild einer großen Festung.

Mit den Rayonbestimmungen des Gesetzes von 1871 hatten Grundstückseigentümer um Festungen reichlich Kummer. Sie waren in drei Rayons von 600 + 375 + 1275 Metern ab dem gedeckten Weg Beschränkungen hinsichtlich Veränderungen am Gelände und an Bauten ausgesetzt. Der Sinn des Gesetzes war, bei drohender Kriegsgefahr bzw. Mobilmachung die Armierungsarbeiten um die Werke zu erleichtern und zu beschleunigen, um die Sturmfreiheit zu schaffen. Bereits 1914 verfuhr man darin großzügig.

Das Festungsbaupersonal

In der Literatur über Festungen erfährt man regelmäßig als ihre Erbauer die Namen berühmter Baumeister, Marschalls und Generalen, selbst Friedrich der Große wird nach Verabschiedung seines Obersten v. Walrave hierfür genannt. Sie alle waren ingeniöse Planer. Die gestalterische Klein- und Feinarbeit, beginnend mit dem Einfügen und Vermessen der vielwinkeligen Werke in das Gelände, das Zeichnen, Berechnen der Standfestigkeit und der Massen, letztlich die Bauausführung blieben vorgebildeten Männern vorbehalten. Preußen baute und unterhielt im deutschen Raum die größte Anzahl von Festungen. Diese Aufgabe oblag früh schon dem Ingenieurkorps, aus dem interessierte Offiziere besonders geschult wurden. Aus ihnen hoben sich führende Köpfe als Planer und Organisatoren heraus. Sie waren auch Bauleiter, bekamen als Bauführer geeignete Unteroffiziere aus den Bataillonen dieses Korps.

Die vielerlei technischen Bauaufgaben verlangten im ausgehenden 19. Jahrhundert die ingenieurmäßige Ausbildung. An die hierfür gegründete militärtechnische Akademie in Berlin-Charlottenburg wurden Leutnants abkommandiert, um in taktischtechnischen Bauaufgaben, im Kampf um Festungen ausgebildet zu werden. Zugleich entstand dort die Festungsbauschule, deren Lehrgänge mehr bautechnisch abgestimmt waren, wie die Offizierlehrgänge zwei Jahre dauerten. Ihre Teilnehmer wurden Festungsbauleutnants, die nach und nach, zuletzt 1919 bis zum Fb-Major aufstiegen. Eine weitere Sparte im Festungsbaudienst waren die Wall-Oberwallmeister als Portepee-Unteroffiziere, sie hatten ihre Schule in Straßburg.

Für alle Ausbildungszweige war die Generalinspektion des Ingenieur- und Pionierkorps und der Festungen zuständig. Ihr unterstanden (ohne Bayern) zuletzt vier Ingenieur-, acht Festungsinspektionen und 30 Pionierbataillone.

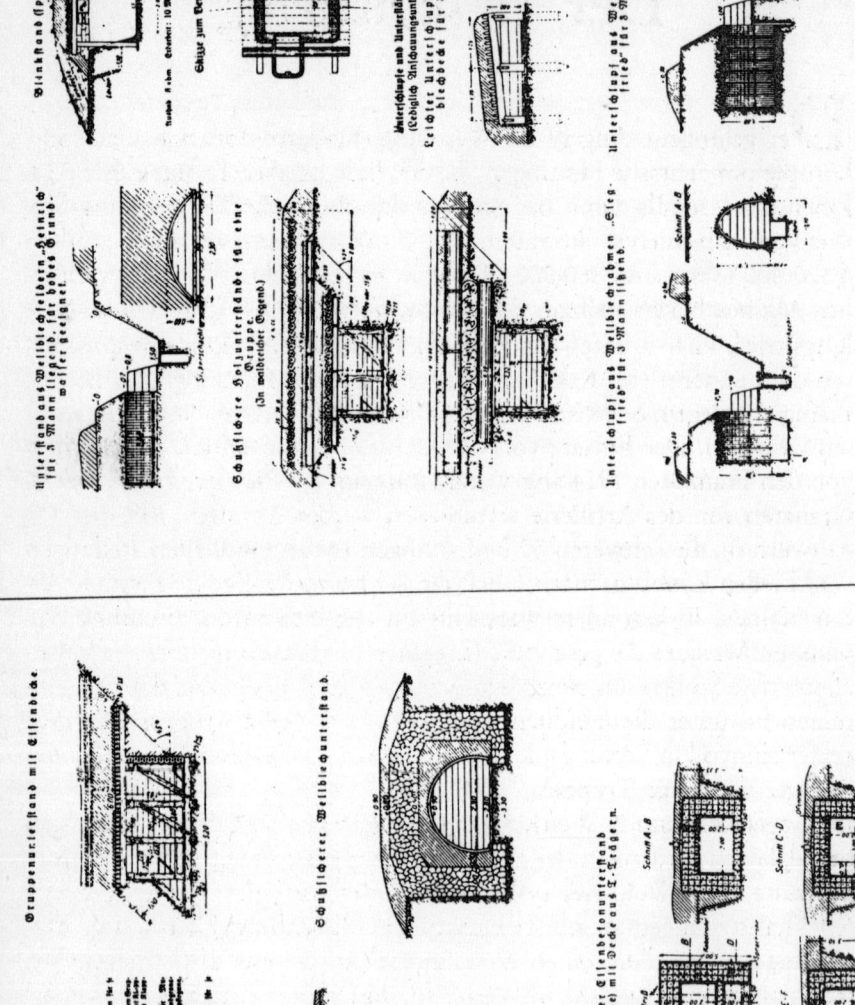

Beispiele von Stellungsbauten im 1. Weltkrieg

Beispiele von Stellungsbauten im 1. Weltkrieg

26

Der 1. Weltkrieg

Der gelungene Angriff im Westen verhinderte dort wie auch sonst Kämpfe um deutsche Festungen. Sie erfüllten an allen Fronten ihre Aufgaben insofern, als damit bei der Mobilmachung die Truppen ungehindert aufmarschieren konnten. In 11 000 Transportzügen rollten 3 120 000 Mann und 860 000 Pferde an die Grenzen. Nach der verlorenen Marneschlacht vollzog sich das Kampfgeschehen jahrelang im Stellungskrieg. Hier mußten die Pioniere allenthalben helfend einspringen, um die hunderte von Kilometern der Grabensysteme möglichst zweckmäßig anzulegen, behelfsmäßige Unterstände, alle Arten von Hindernissen zu bauen. Der Einsatz von Giftgasen als Kampfmittel, zuerst schon von den Franzosen 1914 angewandt, kam auf die Pioniere zu, bis solche Granaten von der Artillerie verschossen werden konnten. Mit den Minenwerfern, die schweren 50 kg-Ladungen in die feindlichen Stellungen verschießen konnten, machte sich die Schwarze Waffe, die Pioniere, ihren Namen. Insbesondere waren die für den Kampf um Festungen geschulten Mineure die gesuchte Hilfswaffe. Sie bauten nicht nur schußsichere, tiefe Stollen, im bergmännischen Vortrieb auch solche für Gegenminen bis unter die feindlichen Gräben. Das Ingenieurkorps, 20 Jahre später sinnvoll in Festungspioniere umbenannt, war die an allen Fronten gefragte vielseitige Truppe.

Im Gegensatz zum 2. Weltkrieg, als der Führer und Oberste Befehlshaber jeglichen Gedanken der Rückverlegung einer Front verbot, war die Führung im 1. Weltkrieg realistischer, betrachtete das Vorbereiten von Rückhaltstellungen als selbstverständliche Maßnahme. Hier konnte daran gegangen werden, einen Stellungsbau zu betreiben, der gegenüber frontnahem ganz wesentlich verstärkt, fast schon einem permanenten entsprach. Zum Einbau kamen horizontale, auf kräftige Holzwände verlegte Wellblechplatten mit zusätzlicher Überdeckung, dann spitzwinklige, vor allem halbkreisförmige Wellblechfelder, bekannt unter der Bezeichnung Siegfried- und Heinrichrahmen, letztere auch mit 1 m Betonüberdeckung. Andere Unterstände erhielten Decken aus Stahlträgern mit darüber verlegten Baumstämmen, alles mit Dachpappe abgedichtet.

Die in solchen Stellungen einrückende Truppe war sichtlich erfreut, Unterstände von fast festungsmäßiger Stärke vorzufinden. Die Feldartillerie fand auch betonierte Kampfstände mit offenen Geschützscharten vor. An der flandrischen Kanalküste kamen bis 1918 an die 40 Batteriestellungen für Kaliber bis zu 30,5 cm zur Ausführung, zumeist mit offenen Bettungen aus Beton mit ebensolchen Munitionsräumen.

In 1917/18 entstanden an der Westfront u.a. die Siefried-, Gent-, Hermann-, Hunding- und Brunhildstellung.

Deutsche Festungen in der Reichswehrzeit

Für den deutschen Festungsbau hinterließ der verlorene Krieg einen Torso. Die linksrheinischen Festungen fielen mit Elsaß-Lothringen an Frankreich. Innerhalb der entmilitarisierten Zone von 50 km ostwärts des Rheins waren alle Festungen zu schleifen, Brücken- und Eisenbahnsicherungswerke zu zerstören. Geduldet waren außer den süddeutschen Festungen Ulm und Ingolstadt nur die des Ostens, die in ihrem bisherigen Zustand verbleiben mußten. Dies waren Königsberg, Feste Boyen (Lötzen), Marienburg, Küstrin, Glogau, Breslau und Glatz, allesamt in überholten Formen. Nur für Königsberg und Breslau waren Geschütze bis 15 cm gestattet (in Königsberg waren es erst 38, dann noch 22), alle anderen Festungen des Binnenlandes mußten unbestückt bleiben.

Hinsichtlich der Küstenbefestigungen waren die Alliierten großzügiger. Allein an der Nordsee konnten im Bereich der Marinestation Nordsee mit den Festungskommandanturen Borkum, Wilhelmshaven und Cuxhaven 35 Strandbatterien mit 119 Geschützen verbleiben. Geschleift wurden die Befestigungen auf Helgoland und die am Kaiser-Wilhelm-Kanal. Das Kommando der Ostsee behielt bei den Festungen Swinemünde und Pillau ebenfalls deren veraltete Batterien, die vor Vertragsabschluß noch mit schweren Geschützen auf Radlafetten des Heeres für beweglichen Einsatz ausgewechselt werden konnten. Für den Schutz der Küstengewässer behielt die Kriegsmarine eine Flotte von sechs älteren Li-

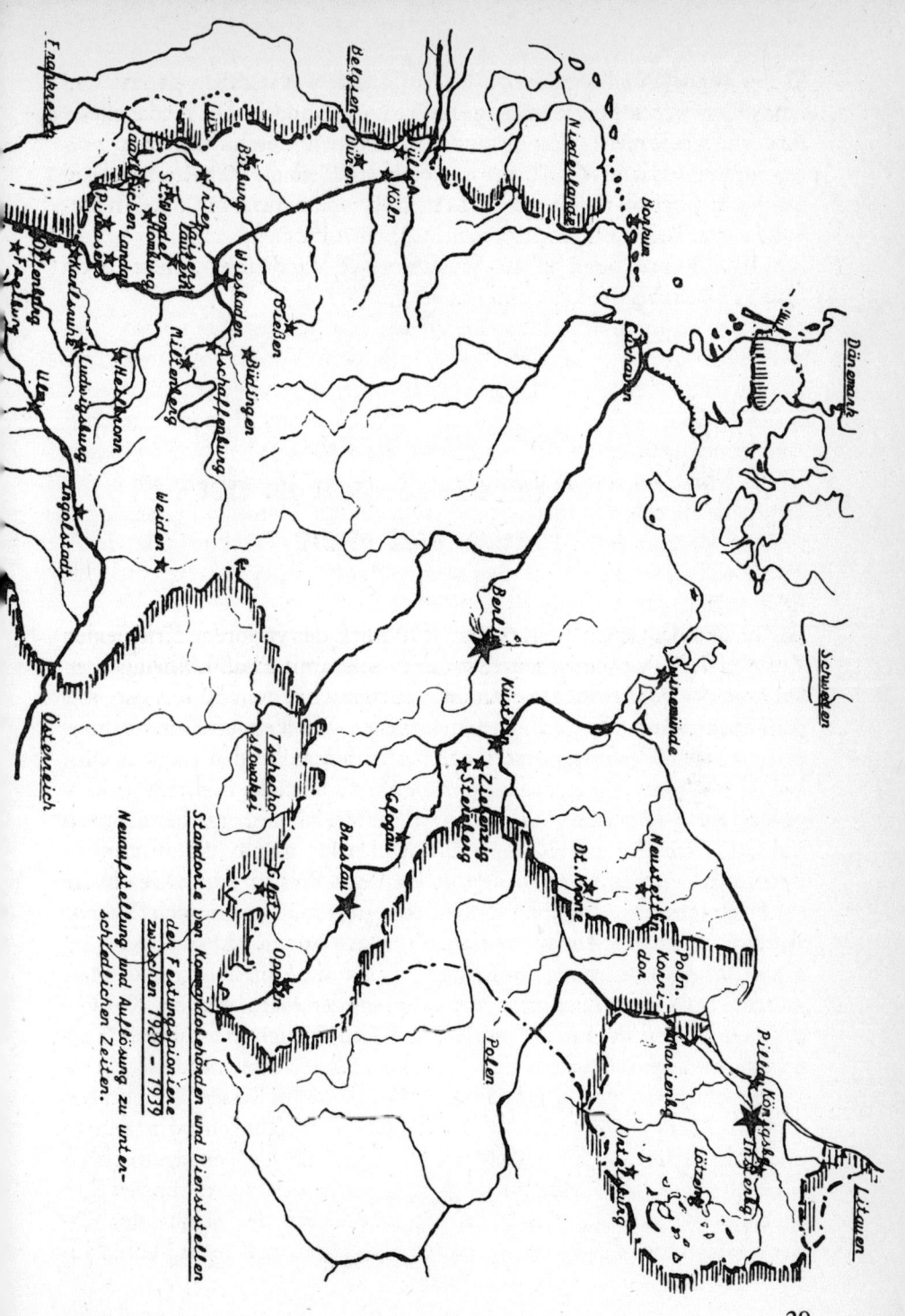

Standorte von Korpspidoehörden und Dienststellen
der Festungspioniere
zwischen 1920 – 1939

Neuaufstellung und Auflösung zu unterschiedlichen Zeiten.

29

nienschiffen, sechs Leichten Kreuzern, je zwölf Zerstörern und Torpe-
dobooten. Ein weiteres Drittel dieser Einheiten durfte als Reserve in den
Häfen liegen, jedoch ohne Besatzungen und Munition.

Das anfänglich auf 200 000 Mann reduzierte Heer mußte gemäß Artikel
160 des Friedensvertrages ab 31. März 1920 endgültig auf 100 000 Mann
beschränkt werden. Die Kriegsmarine durfte 15 000 Mann und die vor-
genannte Flotte, aber weder Schlachtschiffe, Schwere Kreuzer noch
U-Boote behalten.

Nach der Pionierliste von 1932 entfielen von den gesamten 4000 Planstellen für Heeresoffiziere 187 auf die Pioniere. Von ihnen standen vor
1933 etwa 32, ein Viertel davon als Stabsoffiziere, im Festungsbaudienst.
Im Zeitablauf waren von Besuchern der einstigen Militärtechnischen
Akademie nur noch wenige im Dienst. Ab 1929 wurden an der Pionierschule München wieder Lehrgänge für jüngere Pionieroffiziere eingeführt, die in neun Monaten eine bautechnische Ausbildung erbringen
sollten. Mehrere dieser Offiziere konnten an der Technischen Hochschule Charlottenburg das Bauingenieurwesen belegen, erreichten als
Dipl.-Ingenieure ein verbessertes Rangdienstalter.

Für die Festungsbauoffiziere war im Reichswehretat kein Platz mehr.
An ihrer Stelle wurde die Laufbahn der Festungsbaubeamten eingeführt.
Sie umfaßte 71 Planstellen, von denen sechs auf das Ministerium mit
dem Heereswaffenamt, 63 auf die Stopis bei den Wehrkreiskommandos
und örtlichen Festungsbaudienststellen entfielen. Ihr Nachwuchs kam
aus den sieben Pionierbataillonen, wurde ab 1922 in Festungsbaulehr-
gängen entsprechend den Lehrplänen der Höheren Technischen Lehran-
stalt für Tiefbau sowie festungstechnische Stoffe ausgebildet. Nach dem
Ingenieurexamen wurden sie Festungsbaufeldwebel, vor der Übernahme
als Fb-Beamte war die übliche Anstellungsprüfung abzulegen. Für den
mittleren Dienst liefen ab 1938 an der nach Berlin-Karlshorst verlegten
Pionierschule neunmonatige Lehrgänge, als Walloberfeldwebel sollten
sie nach 18jähriger Dienstzeit Wall-/Oberwallmeister werden. Die Fb-
Beamten trugen im Frieden nach Bedarf, im Kriege stets Uniform. Im
gehobenen Dienst reichten ihre Ränge bis zum Oberstleutnant.

Die Festungsbauverwaltung

Der geringe Bestand an Pionieroffizieren und entsprechenden Festungsbaubeamten reichte anfänglich aus, um die verbliebenen Festungen, sie waren in der Revolutionszeit teils fast herrenloses Gut geworden, ab 1919 wieder technisch in Verwahrung zu nehmen und zu betreuen. Festungsgouvernements waren für die fast waffenlosen und klein gewordenen Festungen unsinnig geworden, es gab nur noch Festungskommandanturen, an deren Spitze ein Oberst stand. Zu seinem Stabe gehörten neben dem Ia der Adjutant, der Infanterie-, Artillerie- und Nachrichtenoffizier, der sogenannte 1. Pionieroffizier, dem die Abteilung Festungsbauverwaltung und der 2. Pionieroffizier unterstanden. Dazu kamen Heeresbeamte des Festungsbaudienstes, außerdem einige Festungsbau- und Wallfeldwebel, Funk- und Brieftaubenmeister und, sofern Festungsartillerie noch vorhanden, Feuerwerker, die alle zu den Portepee-Unteroffizieren rechneten. Aus dem kaiserlichen Heer ausgeschiedene Offiziere schlossen als Angestellte manche Lücke für Sonderaufgaben. Um von der Truppe keine Soldaten abzuziehen, führten technische und Verwaltungsangestellte entsprechende Arbeiten aus. Erfahrene Arbeiter waren für die Bauunterhaltung und Betreuung der Festungswerke und der Festungsschirrhöfe, wo vorhanden, für die festungseigene Feldbahn eingesetzt. Zuweilen war der 1. Pionieroffizier zugleich Festungskommandant.

In den zwanziger Jahren mußte zu allererst die Bausubstanz erhalten werden, Wasser- und Witterungsschäden waren zu beseitigen, soweit die dafür geringen Haushaltsmittel ausreichten.

Bald wurde im Osten begonnen, Stellungsabschnitte für feldmäßige Bauart zu erkunden und papiermäßig festzulegen. Mobilmachungskalender wurden bearbeitet, die alles erfaßten, was im Ernstfalle sofort greifbar sein mußte, also Bauunternehmungen, Bauhandwerker, Sägewerke, Baustofflager u.s.f. Wichtig dafür waren Sperrmöglichkeiten an Brücken, Straßen, Grenzübergängen, Anstauungen von Gewässern aller Art. Diese Unterlagen dienten auch den militärgeographischen Landesbeschreibungen, die alle Hinweise auf Geländeeigenarten, Beobachtungspunkte, Verkehrseinrichtungen, Nachrichten-, Nachschub- und Versorgungseinrichtungen enthielten. Sie umfaßten den Bereich einer Reichskarte 1:100 000 und waren geheim.

An Neubauten irgendwelcher Form konnte, abgesehen von unerheblichen kleinsten Anlagen, einerseits wegen des Verbotes, andererseits wegen fehlender Geldmittel, noch nicht gedacht werden. Um das Festungsbaupersonal im Entwerfen geläufig zu halten, wurden von den Stopis der Wehrkreiskommandos Winterarbeiten auferlegt.

Richtlinien für den Bau
ständiger Befestigungen

Die gegenüber der Vorkriegszeit völlig veränderte Lage in politischer und gesamtwirtschaftlicher Hinsicht wie auch die Erkenntnisse aus dem Weltkrieg, zwangen zu einem neuen Konzept für den Festungsbau. Im Reichswehrministerium oblagen von 1920 dem Chef der Heeresleitung mit der Pionierinspektion 5 die Belange der Landesbefestigungen in Planung und Ausführung, bis 1934 auch die der Marine-Küstenbefestigungen. Das dem Chef der Heeresverwaltung unterstellte Heereswaffenamt war mit der Pionierabteilung WaPrüf 5 für die Entwicklung und Prüfung von Festungswaffen, deren Panzerungen und Geräten zuständig. Diese Instanzen wurden dem zunehmenden Geschäftsumfang folgend erweitert, aus der Inspektion 5 entsprang die Inspektion der Festungen. Der weitere Aufbau des Heeres stellte sich 1939 für die Pioniere so dar: Als dem Generalstab der Wehrmacht nachgeordnet, bestanden im Allgemeinen Heeresamt (AHA) für das Pionierwesen der Inspekteur der Pioniere und Festungen mit Genltn. Jacob, darunter die Inspektion der Pioniere (In 5) mit Oberstltn. Jordan als Chef des Stabes, die Inspektion der Festungen (In Fest) mit Oberst i.G. Jaenecke als Stabschef und die Inspektion der Eisenbahnpioniere mit Oberst Will als Stabschef. Dem AHA unterstand gleichfalls das Heereswaffenamt (WaA) und darin hinsichtlich des Festungsbaues in der Amtsgruppe für Entwicklung und Prüfung (WaPrüf) die Pionier- und Festungspionierabteilung (WaPrüf 5) unter Oberst Böhringer sowie in der Amtsgruppe für Industrielle Rüstung (WaIRü) die Pionier- und Festungspionier-Geräteabteilung (WaIRü 5) unter Oberstltn. G. Müller.

Organisation des Heeres-Festungsbaues in der Wehrmacht 1938 Dienstwege und Mitsprache

(Oberbefehlshaber der Wehrmacht Führer und Reichskanzler)

Oberkommando des Heeres

Chef des Heeresleitung
Truppenamt
Inspektion der Pioniere und Festungen (In5/Fest.)

Chef Heeresverwaltungsamt
Waffenamt
WaPrüf Fest.   WaRü 5

Heeresgruppenkdo 1 Berlin

Wehrkreiskdo I, II, III, VIII
Grenzkommandantur Küstrin
Kdtur.d.Bef.bei Königsberg Allenstein
" Lötzen
" Neustettin
" Glogau
" Breslau
" Oppeln

Heeresgruppenkdo 2 Frankfurt/M

Wehrkreiskdo V, VI, XII
Kdtur d.Bef.bei Aachen
Kommandostab Eifel
Grenzkdtur Trier
Generalkdo Saarpfalz
Kommandostab Oberrhein

Inspektion d.Westbefestigungen Wiesbaden

Festungsinspektion
V Kaiserslautern mit
  Fest.Pi.Stab 12 Pirmasens
  17 Homburg/Saar
  20 Landau/Pfalz
VI Saarbrücken mit
  Fest.Pi.Stab 2 St.Wendel
  24 Saarbrücken
VII Offenburg mit
  Fest.Pi.Stab 11 Karlsruhe
  15 Freiburg/Br.
  18 Offenburg
VIII Trier mit
  Fest.Pi.Stab 13 Trier
  19 Trier
  23 Bitburg
IX Köln mit
  Fest.Pi.Stab 21 Jülich
  22 Düren
Unmittelbar unter Insp.d. Westbefestigungen
  Fest.Pi.Stab 10 Heilbronn
  14 Aschaffenburg

Inspektion d.Ostbefestigungen Berlin

Festungsinspektion
I Königsberg mit
  Fest.Pi.Stab 1 Königsberg
  3 Lötzen
  25 Allenstein
II Deutsch Krone mit
  Fest.Pi.Stab 4 Dt.Krone
  5 Neustettin
III Küstrin mit
  Fest.Pi.Stab 6 Steenberg
  7 Zielenzig
IV Breslau mit
  Fest.Pi.Stab 8 Breslau
  9 Glogau
  16 Oppeln

Generalinspektion für das deutsche Straßenwesen in Berlin (OT)

OT-Einsatzgruppenleitung Wiesbaden

OT-Einsatzleitungen am Westwall

Organisation des deutschen Festungsbaues 1920 – 1933

Reichswehrministerium

Chef Heeresleitung
Truppenamt
Inspektion der Pioniere und Festungen (In5)

Chef Heeresverwaltungsamt
Waffenamt
Prüfwesen Pioniere (WaPrüf5)

Heeresgruppenkommando 1 Berlin

Wehrkreiskommando Stabsoffizier der Pioniere (Stopi)

I Königsberg
Fest.Kdtur Königsberg
Lötzen mit
Kdtur. Insterburg
" Marienburg

II Stettin
Kdtur Neustettin
" Deutsch Krone

III Berlin
Fest.Kdtur Küstrin
" Glogau
" Breslau
" Glatz
Kdtur Oppeln

Heeresgruppenkommando 2 Kassel

Wehrkreiskommando Stabsoffizier der Pioniere (Stopi)

V Stuttgart
Fest.Kdtur Ulm (bis 1932)

VII München
Fest.Kdtur Ingolstadt (bis 1932)

Marinestationskommando Nordsee Wilhelmshaven (Stopi)
Kdtur Weser-Ems-Mündung

Marinestationskommando Ostsee Kiel (Stopi)
Kdtur Swinemünde
Kdtur Pillau

Von 1932 – 1934 stand der Inspizient für Festungswesen zwischen der Inspektion der Pioniere und Festungen (In 5) und den Stopi. Ihm folgten ab 1934 die Inspektionen der Ost- und Westbefestigungen unmittelbar zu den nachgeordneten Festungsbaudienststellen in taktisch-technischen Belangen.

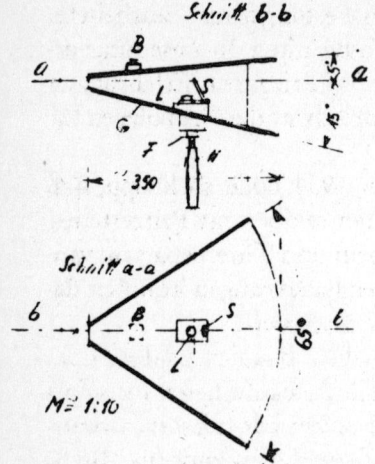

MG-Schartenhöhe

B = Bussole
F = Gewinde für Handgriff oder Fotostativ
G = Gehäuse aus Sperrholz oder Blech
H = Handgriff
L = Libelle
S = Klappspiegel

Veranlassung zum Entwurf gaben unbefriedigende Geländeerkundungen, bei denen die Begrenzungslinien von MG-Schartenständen zumeist mehr oder weniger geschätzt vorläufig abgesteckt wurden. Der Verfasser bastelte dieses Gerät, das die Inspektion der Pioniere und Festungen 1937 genehmigte. Die Fest. Pi. Stäbe sollten es selbst anfertigen lassen, damit der zeitraubende Instanzenweg durch OKH, Heereswaffen- und Verwaltungsamt unterblieb.
An den Pionierschulen wurden Offiziere und Festungsbauschüler daran ausgebildet. Die OT zeigte das Erkundungsgerät 1941 bei ihrer Leistungsschau in München, ohne damit eigentlich befaßt zu sein. In Wochenschauen westdeutscher Kinos widerfuhr 1946 diesem Hilfsgerät die zweifelhafte Ehre, als gefährliches Kriegsutensil vorgeführt zu werden, vermutlich weil der Zweck nicht begriffen.

Die Handhabung war einfach, mit dem Durchblick konnte ohne Richtungsabweichung der Augen, das für eine MG-Scharte zu erfassende Schußfeld seitlich mit 65, nach oben mit 5, nach unten mit 15 Grad erkannt werden. Die Libelle im Innern zeigte die Horizontale, die Bussole oben die Nordrichtung, womit die Ortung auf der Karte bestimmt war.

Anfänglich waren Aufbau und Stellenbesetzung des 1938 in Oberkommando der Wehrmacht umgewandelten Reichswehrministeriums nur in engstem Rahmen möglich. So bestand bei der Inspektion 5 (Pioniere) das Referat IV, das die konstruktiven Dinge des Festungsbaues bearbeitete, noch 1934 nur aus einem Major und zwei Fb-Beamten. In Zusammenarbeit mit WaPrüf 5 wurden aus Vorlagen der Vorkriegszeit, Erfahrungen des Stellungskrieges und dem technischen Fortschritt die Grundlagen für den künftigen Festungsbau geschaffen.

Die verfügbaren Haushaltsmittel waren vor 1934 noch so knapp, daß nur einfachste Bauten geplant werden durften, wobei mit Panzerteilen für MG-Schartenstände, Beobachtungskuppeln und Türen sparsam umgegangen werden mußte. Nur wenige solcher Panzerungen konnten damals bei den Stahlwerken in Auftrag gegeben werden.

Dieses Referat IV gab frühzeitig den örtlichen Baudienststellen richtungsweisende Bauanordnungen. Um 1935 dürfte damit begonnen worden sein, die Einzelverfügungen und Erlasse zusammenzufassen, woraus die grundlegende Bauvorschrift »Bau ständiger Befestigungen« (BstB) entstand. Sie wurde laufend verbessert und wies zuletzt zwölf Teile auf. Die Teile eins und zwei galten insbesondere taktischen Belangen, also den Grundregeln für das Bestimmen befestigter Linien und Stellungen, der Hauptkampflinien (HKL) und Hauptkampffelder (HKF), der Ausnützung natürlicher Gegebenheiten für freies Schußfeld, anzustreben auf 300 m frontal und flankierend, Ausnützung von Gewässern u.s.f. für Hindernisse und Sperren. Zum Erfassen des Schußfeldes und dessen Bestimmung in Karten, stand ab 1937 das Erkundungsgerät Erkumo bereit. Das trichterförmige Kästchen fixierte das Schußfeld mit 65 Grad seitlich, 15 nach oben, 5 nach unten. Die Bussole gab die Nordrichtung an, die Libelle die Horizontale. Das vom Verfasser konstruierte Gerät zeigte die OT 1941 bei ihrer Leistungsschau in München.

Vorder- oder Hinterhangstellung blieb die umstrittene Frage. Bei diesen Teilen wirkten Offiziere der anderen Inspektionen des OKH maßgeblich mit.

Zu dieser Zeit galten für den Oberbefehlshaber des Heeres, den Chef des Generalstabes und den Inspekteur der Pioniere und Festungen für die Arten des Ausbaues:

a) Sperrausbauten sollten unter Anwendung leichter Bauformen zur Abwehr von Überraschungsangriffen motorisierter Kräfte,

b) ständige Stellungen in mittlerer Stärke für zeitlich begrenzten Widerstand,

c) Festungskampffelder für stärkere Widerstandskraft zur entscheiden-
ten Verteidigung
gebaut werden.
Der 3. Teil befaßte sich eingehend mit der Baugestaltung und Ausführung der Bauwerke aus Stahlbeton. Vorgeschrieben waren die Stärken
der sechs Ausbaustufen.
Sie betrugen

Ausbau-stufe	Außenwände u. Decken m	Panze-rungen mm	Sicherheit gegen
A	3,50	400	Dauerfeuer von 50 cm Mörsern
A1	3,00	400	30 cm Mörsern und 50 cm Einzelfeuer
B	2,50	200	Dauerfeuer 21 cm Mörser, Einzelfeuer 30 cm
B1	1,00/1,50/2,00	100	sFH u. Einzelfeuer 21 cm
C	0,60	60	Feldart., Einzeltreffer sFH
D	0,30	20	

Standardisiert waren die Maße für Kampfräume, Unterkünfte, Führung,
Beobachter, Sanitätsräume, Eingänge mit ihrer Verteidigung, Gasschleusen, Notausgänge. Die Raumgebühr war Grundlage für den Einbau der
genormten Zulieferungen, also der Panzerteile, Türen, Lüfter usw. Sie
ergaben zugleich, daß die Bauwerke nicht unnötig groß und somit ge-
fährdeter gegen Beschuß wurden.
Um die höchstmögliche Festigkeit zu erreichen, erging sich dieser Teil in
der Technologie des Schwerbetons und seiner Fertigung auf den Baustellen. Vorgeschrieben waren 400 kg = 8 Sack Portlandzement je cbm Beton. Hochwertiger Zement war wegen der hohen Erhitzung beim Ab-
binden der dicken, kompakten Bauteile verboten. Frischer Beton war
für Probewürfel aus den Mischmaschinen zu entnehmen. Die Druckfe-
stigkeit mußte nach 28 Tagen 400kg/qcm betragen. Kernbohrungen aus
den Wänden erbrachten 1941 bei Tests an Techn. Hochschulen das beste
Ergebnis für Bauten der FPiST., gefolgt von Tschechen, Franzosen und
OT.

Die Rundstahleinlagen für die kubische Bewehrung waren mit 24 mm für die höheren, mit 12 mm für die mittleren, mit 8 mm für die leichten Ausbaustärken verlangt. Alle Raumdecken hatten als Gebälk Stahlträger von 300 bis 120 mm Steghöhe je nach Ausbauart. Dazwischen lagen auf deren Flanschen 3 mm dicke Blechplatten.

Bauwerke in hohem Grundwasser oder an Flußufern mit wechselnden Wasserständen, kamen in völlig dichte Betonwannen von 20 cm Stärke, innen isoliert. Dem Betoniervorgang galt besondere Beachtung. Grundsätzlich mußten die Mischmaschinen soviel leisten, daß die gesamte für einen Betonierabschnitt nötige Menge in einem Guß, ohne jegliche Unterbrechung, in die Schalungen eingebracht werden konnte. Reservemischer mußten also einsatzbereit an Ort und Stelle stehen. Mehrgeschossige Bauwerke waren im Voraus in bestimmten Etappen zu betonieren. Infolge des engmaschigen Stahlgeflechts konnte das plastische Mischgut nicht eingestampft werden. Mittels Holzlatten war der Beton einzustochern, um die die Festigkeit mindernden Luftblasen und Nester zu unterbinden. Das Verdichten mit Rüttelgeräten war nicht zugelassen, weil ausreichend geschultes Personal auch bei den Bauunternehmern fehlte. Während des Betonierens hatte ein Fb-Beamter oder Offizier ununterbrochen strenge Aufsicht zu führen.

Alle Bunker mit nur einem Eingang erhielten einen Notausgang durch eine Seitenwand mit Anschluß an eine daran hochführende Betonröhre. Der Wanddurchbruch dafür hatte zwei Versatze aus Trägern, war außen wasserdicht zugesetzt, hatte innen eine Stahltür. Solche Notausgänge waren eine unbefriedigende Lösung, weshalb Mannschaftsstände mit nur einem Eingang tunlichst vermieden werden sollten.

Das verstärkte Programm für Festungspanzerungen kam ab 1934 zur Entwicklung und später zur Auslieferung. Es folgten Panzertürme mit drei und sechs Scharten, anfänglich mit Schieberverschlüssen, dann mit Kugelkopfkalotten, jeweils für ein oder zwei MG. Die ersten 6-Scharten-türme waren noch für 2x2 Zwillings-MG ausgerüstet. An ihre Stelle trat das neue MG 34 mit der bedeutend höheren Schußfolge. Die jeweils unterschiedliche Zieleinrichtung reichte wie das Schußfeld von 220 bis 360 Grad. Für den Kampf bei Dunkelheit lagen Scheinwerfer bereit, letzte Waffe bei völligem Ausfall der MG war die Maschinenpistole (MP). In Schartenständen wurde die auf Betonsockeln stehende Lafettierung den neuen MG-Modellen angepaßt.

Das Gesamtprogramm wurde ab 1934/36 erweitert mit Panzerkasematten und Drehtürmen für 3,7 und 10 cm Pak, 10 cm Kanonen, schweren

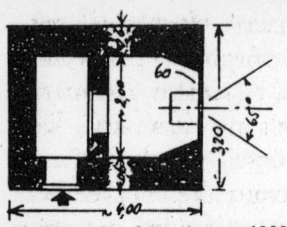

MG-Stand in Oderdämmen 1929

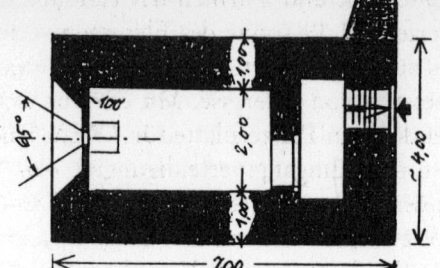

MG-Stand in der Pommernstellung 1932/33

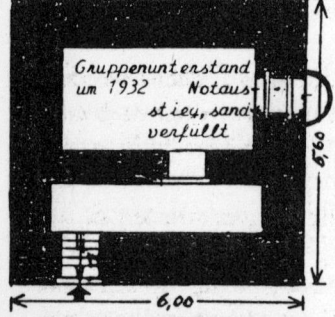

Gruppenunterstand um 1932 Notausstieg, sand-verfüllt

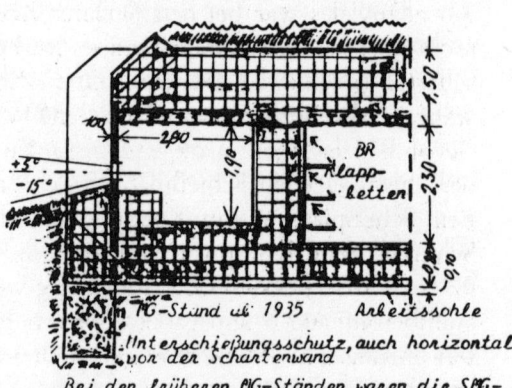

MG-Stand ab 1935   Arbeitssohle

Unterschießungsschutz, auch horizontal vor der Schartenwand

Bei den früheren MG-Ständen waren die sMG-Lafetten auf Betonblöcke aufgesetzt. Später kamen Festungslafetten zum Einbau.

Für die früheren unbefriedigenden Lösungen war die Kostenfrage aus-schlaggebend!

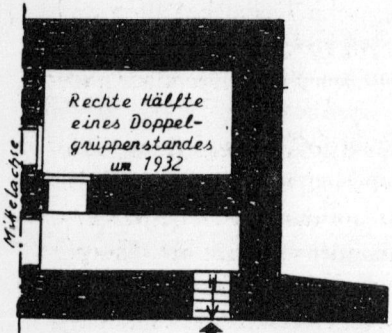

Rechte Hälfte eines Doppel-gruppenstandes um 1932

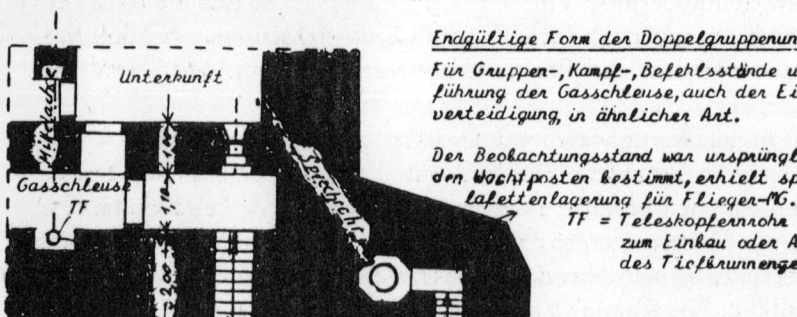

Endgültige Form der Doppelgruppenunterstände.

Für Gruppen-, Kampf-, Befehlsstände usw Aus-führung der Gasschleuse, auch der Eingangs-verteidigung, in ähnlicher Art.

Der Beobachtungsstand war ursprünglich für den Wachtposten bestimmt, erhielt später Rund-lafettenlagerung für Flieger-MG.

TF = Teleskopfernrohr oder Rohr zum Einbau oder Auswechseln des Tiefbrunnengestänges.

Haubitzen und Türmen des rundum wirkenden 5 cm Festungsgranat-werfers M 19 sowie des Flammenwerfers. Gepanzerte Hochstände auf bis zu neun Metern hohen Stahlgerüsten waren für Beobachter in Wald-gebieten von Interesse. Mit der aus tschechischen Arsenalen kommen-den kleinen Panzerplatte für 4,7 cm Pak, gekoppelt mit einem MG, lie-ßen sich Eingangsverteidigungen von Werken günstig gestalten. Zum Lieferprogramm gehörten auch Panzer- und Gasschutztüren in allen be-nötigten Variationen für Eingänge, Innen- und Kampfräume mitsamt den Stahlrahmen und Verankerungen. Völlig gepanzerte Eingänge und Notausgänge mit abgerundeten Decken sowie klappbare Abdeckungen für Fallgruben in B-Werken fehlten nicht.

An allzuvieles war bei den Berliner Konstrukteuren gedacht worden, nicht aber wie bei Kampfständen der Feldartillerie die offenen Beton-scharten geschlossen werden sollten. Kräftige Blechläden stellten nur während der Feuerpausen einen Behelf dar.

Bevor Panzerungen in die endgültige Fertigung gingen, wurden sie auf dem heereseigenen Schießplatz in der Letzlinger Heide, auf firmeneig-nen Schußplätzen von Krupp oder Rheinmetall-Borsig in scharfem Schuß erprobt. Krupp verfügte auf dem Schießplatz Meppen über einen 42 cm Mörser, dessen Granate 923 kg wog. Schießversuche galten auch Stahlbetonmauern und ganzen Bauten in unterschiedlicher Stärke und Bewehrung. Die kubische Stahlbewehrung erwies sich gegenüber ande-ren vorteilhafter.

Teil 4 der BstB brachte die Anweisungen für den Bau von festungsmäßi-gen Hindernissen und Sperren. Für Straßensperren leichterer Anforde-rungen standen Schlagbäume aus Stahlrohr mit darin straff gespanntem Stahlseil bereit. Wo angängig, wurden zueinander versetzte Betonkörper in die Fahrbahn gesetzt oder auch gekrümmte, schwere Betonwiderlager beiderseits der Fahrbahn zur Aufnahme schwerer Stahlträger. Die ersten Kampfwagenhindernisse um 1932 aus 30-40 cm dicken Holzpfählen konnten kaum gegen schwache Kampfwagen wirksam sein, mit dem Sta-cheldraht zwischen den Pfahlreihen waren sie Infanteriehindernis zu-gleich.

Ebenso minderwertig waren solche aus eingebauten Eisenbahnschienen. Der geringe zugestandene Etat trug Schuld an solchen Behelfen. Später konnten mit den Hemmkurven aus gebogenem Winkelstahl stärkere Anlagen geschaffen werden. Sie standen auf Betonplatten, waren nach den Seiten zu nebenstehenden Kurven verschraubt, 2,30 m hoch und 5,70 m breit. Die Kurven standen in einem Abstand von 1,40 m, somit

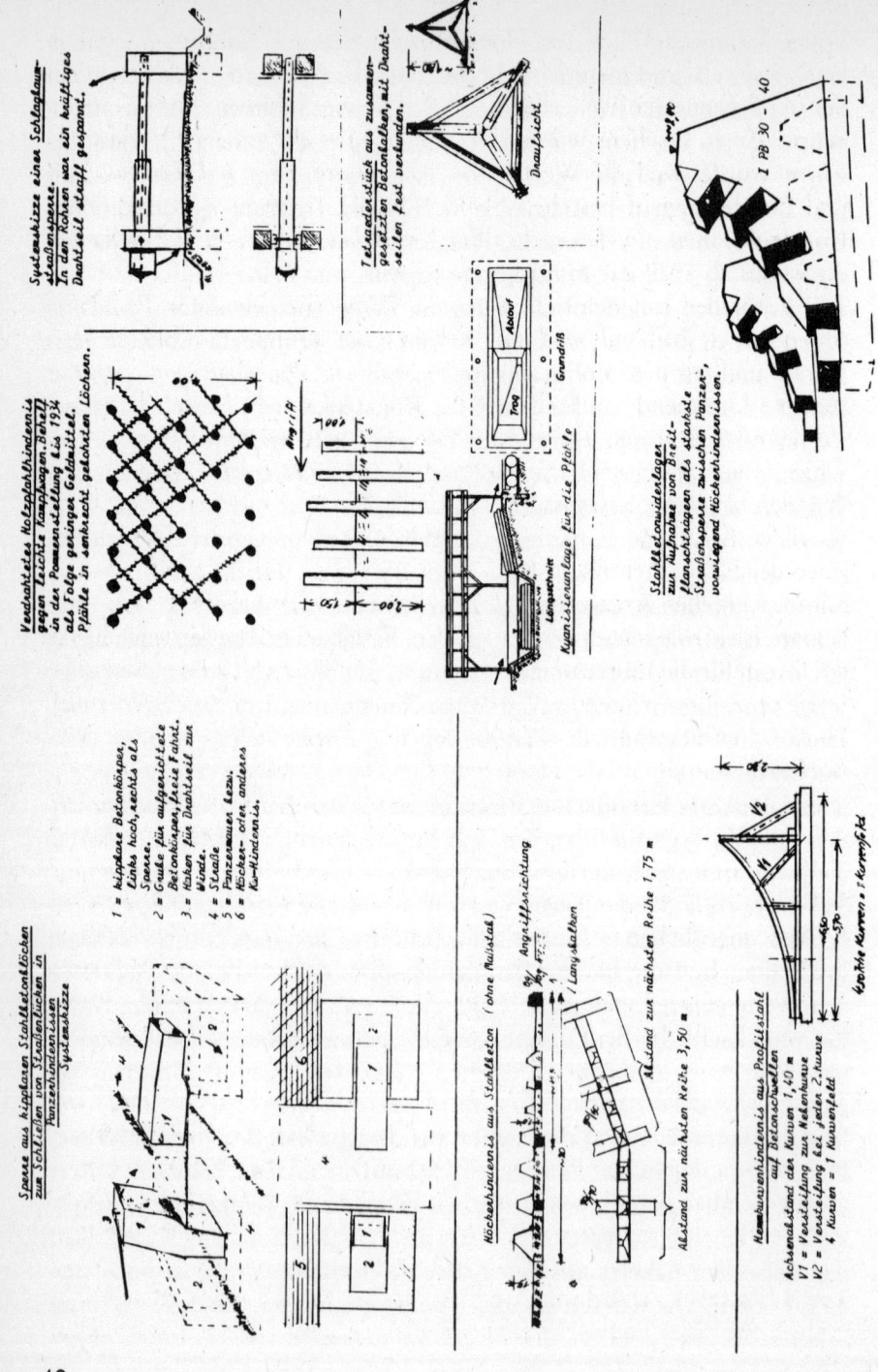

Systemskizze einer Schlagbaum-straßensperre. In den Rohren war ein kräftiges Drahtseil straff gespannt.

Tetraederstück aus zusammengesetzten Betonbalken, mit Drahtseilen fest verbunden. Draufsicht

Verdrahtetes Holzpfahlhindernis gegen leichte Kampfwagen. Behilf in der Pommernstellung bis 1934 als Folge geringer Geldmittel. Pfähle in senkrecht gebohrten Löchern.

Kanalisierunglage für die Pfähle. Längsschnitt. Grundriß. Ablauf. Trog.

Stahlbetonwiderlager zur Aufnahme von Breitflanschwagen als starke Straßensperre zwischen Panzer-, vorwiegend Höckerhindernissen.

I PB 30 - 40

Sperre aus kippbaren Stahlbetonhöckern zum Schließen von Straßenlücken in Panzerhindernissen. Systemskizze

1 = kippbare Betonhöcker, links hoch, rechts als Sperre.
2 = Grube für aufgerichtete Betonhöcker, freie Fahrt.
3 = Haken für Drahtseil zur Winde.
4 = Straße
5 = Panzerhindernis bzw.
6 = Höcker- oder anderes Kw-Hindernis.

Höckerhindernis aus Stahlbeton (ohne Fußstahl). Angriffsrichtung. Längsschnitt. Abstand zur nächsten Reihe 1,75 m. Abstand zur nächsten Reihe 3,50 m

Kurvenhindernis aus Profilstahl auf Betonschwellen. Achsenabstand der Kurven 1,40 m. V1 = Versetzung zur Nebenkurve. V2 = Versetzung bei jeder 2. Kurve. 4 Kurven = 1 Kurvenfeld. Rechte Kurven = 1 Kurvenfeld hoher Stahlbedarf. Erst die Höckerhindernisse aus Stahlbeton ergaben eine zwar zeit- und materialraubende, doch beste Lösung. Aus einem bei der Ardennenoffensive erbeuteten Befehl eines hohen US-Kommandeurs war zu ersehen, wie vor Angriffen über die Höcker hinweg gewarnt wurde, weil ihr Wert selbst nach wirksamem Artilleriebeschuß und Bombenangriff bestehen bleibe. Die als Tschechenigel bekannten Konstruktionen mit den sechs über Kreuz verschraubten Stahlschienen ergänzten ab 1939 das Hindernisprogramm wertvoll.

Teil 5 war den Inneneinrichtungen der Bauwerke gewidmet. Probleme traten hier deshalb auf, weil das Verhalten der Truppe zu beachten war. Geräte mußten niet- und nagelfest, einfach und dauerhaft sein. Aus der Kaserne kommend, mußten sich die Soldaten einschränken, die engen Verhältnisse konnten aggressives Verhalten erzeugen. Bei nur 2,30 m Raumhöhe waren für Mannschaften drei, für Unteroffiziere zwei in den Wänden befestigte Klappbetten bestimmt, nur den Zugführern stand eine solche Klappe alleine zu. Die Gewehre standen griffbereit in den Regalen der Flure. Elektrische Beleuchtung war i.A. nur bei Kampfständen mit maschinellen Anlagen möglich. Öllampen sollten ab 1938 durch aufladbare Elektroleuchten ersetzt werden. Tragbare Stromaggregate lieferten Strom für die Lüfter und Beleuchtung. Im Westwall kamen versuchsweise phosphoreszierende Platten zur Aufstellung, um das Begehen der Flure zu erleichtern, sie mußten bei Tag aufgespeichert werden. Die Bunkeröfen mußten bei Gasalarm völlig abgedichtet werden. Warngeräte meldeten mit Summerton zu starke Anreicherung mit Kohlendioxyd. Alle nicht mit den Bauwerken fest verbundenen Einrichtungen hatten die Standortverwaltungen bereitzustellen, auch die Trockenklosetts.

Teil 6 der BstB galt der Tarnung der Bauwerke. Jedes mußte ein der Örtlichkeit angeglichenes Aussehen bekommen. Das rasche Austrocknen der Erdbeschüttung ließ bei Luftaufnahmen die Bunker nur verschwinden, wenn ausreichende Begrünung durch günstiges Buschwerk erreichbar war. Fachliche Beratung für Anpflanzungen gaben Landschaftsgärtner.

Teil 7 behandelte das nachrichtentechnische Geschehen, Art und Umfang der vorzusehenden Anlagen in den Bauwerken wie auch innerhalb der Stellungsbereiche. Planung, Bauausführung, deren Überwachung und der Einbau der Geräte, geschahen durch die Abteilung N (Nachrichten) der Festungspionierstäbe. Oberste Instanz in fachlicher Hinsicht war die In 8 im AHA mit WaPrüf 7 im Heereswaffenamt.

Teil 8 beschrieb Anordnung und Bemessung der Belüftung je nach Art und Größe eines Bauwerks oder einzelner Räume. Kleine Unterstände bekamen von Hand betriebene Schutzlüfter der Typen HES 0,6 und 1,2, wogegen bei Werken solche bis 2,4 cbm/Min. Leistung einzeln oder zu Batterien gekoppelt und maschinell betrieben eingesetzt wurden. Nicht besetzte Bunker ließen sich in geringem Maße lüften, wenn bei den höhenmäßig diagonal liegenden Zu- und Abluftrohren die Ventile geöffnet waren. Gegen die hohe Luftfeuchtigkeit wurde im Westwall versuchsweise mit Kieselgur angegangen.

Teil 9 zeigte, was die maschinellen Einrichtungen leisten mußten, wo und wie sie einzubauen waren. Sie dienten den Maschinenwaffen, der Lüftung, Heizung, Wasserversorgung, der Beleuchtung und den Scheinwerfern, Reserveaggregate mußten startbereit angeschlossen sein. Hier war die Planung der Stäbe eng mit dem Waffenamt verbunden.

Teil 10 gab für alle Rohrleitungen eingehende Anweisungen über Leistungsvermögen, Querschnitte und Stärken. Rohrpläne für Herstellung und Einbau waren bei Einzel- oder Regelbauten selbstverständlich.

Der BstB Teil 11 bestimmte den sicherzustellenden Wasserbedarf, die Wasserhaltung und Ableitung des Brauchwassers für alle Bauwerkstypen. Vorratshaltung in Kanistern war oft unvermeidbar. Bei der Erschließung unterirdischen Wassers entschieden Geologen. Günstiger Grundwasserstand erlaubte den Einbau von Kolbenpumpen in den Fluren von Unterständen, für das Auswechseln der Filter war ein Deckendurchbruch vorzusehen. Der Anlage von Latrinen, dem Entfernen der Fäkalien galt ein Abschnitt, Trockenklosetts gehörten zur Ausstattung.

Teil 12 befaßte sich mit dem Bau von Hohlgangsystemen. Eingehende Anweisungen waren mit dem Bau der umfangreichen Anlagen im Oder-Warthe-Bogen dringend geworden. Auch im Westwall entstanden solche Untertagearbeiten. Je nach den geologischen Verhältnissen war es nötig, die Tunnels und Kavernen mit Betonschalen so auszukleiden, daß mit der Erdüberdeckung die Forderungen der Baustärken erfüllt wurden. Die Eingänge solcher Anlagen waren verteidigungsmäßig wie die Bunker hergerichtet, Tore für Lkw bekamen Rolltore von einem Meter Stärke. Hohlgangsysteme dienten als Unterkünfte für Reserven, Lazarette und Depots. Fachkräfte dieses Spezialgebietes wirkten bei Planung und Bauausführung mit.

Alle diese Richtlinien waren nötig, weil einheitlich gebaut werden mußte. Zudem durfte die Truppe bei Stellungswechsel keine Probleme vorfinden. Abgesehen davon war die Normung der Festungsbauten und ihrer vielen Einbauteile vom Festungspanzer bis zu den Waffen, Lüftern, Betten oder Öfen unabdingbar für die Herstellung und Lieferung.

Neubauten nach dem
1. Weltkrieg

Welche Gedanken die Siegermächte 1919 bewogen, die verbliebenen Ostfestungen weiterhin zu dulden, ist schwer zu erforschen. Rußland war in Versailles nicht beteiligt, konnte keinen Einspruch erheben, doch Polen war der Westmächte liebes Kind. Ahnte ein weiser Seher, aus dem großen sowjetischen Reiche könne der für 1914 beabsichtigte Vormarsch bis zur Elbe erneut einmal verwirklicht werden, dem die Deutschen dann die Stirn zu bieten hätten? Die Sorge der Reichsregierung galt jedoch den aus Warschau zu vernehmenden aggressiven Stimmen. Unsicherheit schuf zudem die im Februar 1926 zwischen Frankreich und Polen beschlossene Militärkonvention. Polen hatte aber keine Veranlassung, sich zu ängstigen, auch wenn deutsche Stimmen sich mißmutig über die Grenzveränderungen äußerten. Das Deutsche Reich war vor 1933 mit den sieben belassenen Divisionen, deren Bewaffnungsstand dem der Jahrhundertwende glich, kaum im Stande, die Ostprovinzen zu verteidigen, ganz abwegig war ein Angriffskrieg. Oder war der Respekt vor dem deutschen Heer so groß geblieben, weil fast die ganze Welt aufgeboten werden mußte, es zu schlagen?

Die mißtrauisch gewordene Reichsregierung mußte daran denken, zumindest im Rahmen des nach dem Friedensvertrag Möglichen, den Weg zur Reichshauptstadt abzusichern. Der Reichsinnenminister gab 1925 für Arbeiten im Ressort des Wehrministers 200 000 RM aus, damit in der Eilang-Lenze-Stellung ostwärts Frankfurt/Oder fünf Mannschaftsunterstände und wenige Holzbaracken gebaut, Schanzzeug und Stacheldraht gekauft werden konnten.

Über diese Bunkerchen regte sich die Interalliierte Militärkommission auf, sie mußten gesprengt werden. Im Sommer 1927 erbrachte eine Vereinbarung mehr Handlungsfreiheit, nur fehlte wieder Geld für größere Bauvorhaben in festungsmäßiger Form. Entlang dem linken Oderufer kamen schließlich ab 1928/29 flankierend wirkende MG-Schartenstände mit 0,60 m Wand- und Deckenstärken an Brücken- und Fährstellen zur Ausführung.

Im ostpreußischen Wehrkreis I (Königsberg) bestanden nur die Festungskommandanturen Königsberg und Lötzen mit der Außenstelle Ortelsburg. Für sie war die etwa 650 km lange Grenze zu Litauen und

Polen mit Danzig zu ausgedehnt. Somit wurden in Insterburg und Marienburg neue Kommandanturen aufgestellt, die sich an die Erkundung und Ausarbeitung feldmäßiger Stellungen machten. Ihre Bausausführung kam nur für einen Ernstfall in Frage. Die Stellungslinie verlief aus dem Raume Insterburg in Anlehnung an die Inster, Angerapp und Rominte entlang der Ostseite des Rominter Forstes, schloß hier an den Lötzener Bereich vorwärts des 106 qkm großen Spirdingsees mit weiterem Verlauf durch die Johannisburger Heide an, ging in die bisherige Ortelsburger Waldstellung über, führte dann im Arbeitsbereich Marienburg entlang dem Geserichsee und anderen Gewässern zur Westgrenze Ostpreußens. Im Landesinnern wurde, um einen polnischen Angriff auf die Provinzhauptstadt zu teilen, nordwestlich Heilsberg eine Stellung baureif erkundet, in Fachkreisen als Heilsberger Dreieck bekannt. Der erste Plan von 1928 wurde 1931 nochmals im Gelände überprüft und vom OKH genehmigt. Ab 1932 begann der Ausbau in der Stärke B1, bei den Panzerteilen in C. Hier handelte es sich um eine zwar schwache Lösung, immerhin entstand eine Art Reduit als Kernstück neben Königsberg und Lötzen. Später sollte eine Heilsberg-Deime-Frisching-Stellung entstehen, um Königsberg mit dem Samland eine Verstärkung als Festung zu geben.

Die Pommernstellung

Im Wehrkreis II (Stettin) fehlten ostwärts der Oder Festungskommandanturen. Hier erkundeten noch als Angestelle arbeitende Offiziere den Verlauf von Stellungen entlang der rd. 350 km langen Grenze von der Ostsee bis zur Drage. Ferner wurden Sperrmaßnahmen für die Grenzübergänge bestimmt. Wie in Ostpreußen ließen sich auch hier unzählige Wasserläufe und Seen für die geplante HKL ausnützen. Der Stellungsverlauf wurde letzlich vom OKH genehmigt. Für den ersten Ausbau erlaubten die Etatmittel nur einen beschränkten Bau für einen zeitlich begrenzten Widerstand, bis weitere Truppen eintreffen würden. Vor 1934 lag im Raum zwischen Oder-Warthe-Netze- polnischer Grenze-Ostsee nur das Infanterie-Regiment 4, verteilt auf die Standorte Kolberg, Neu-

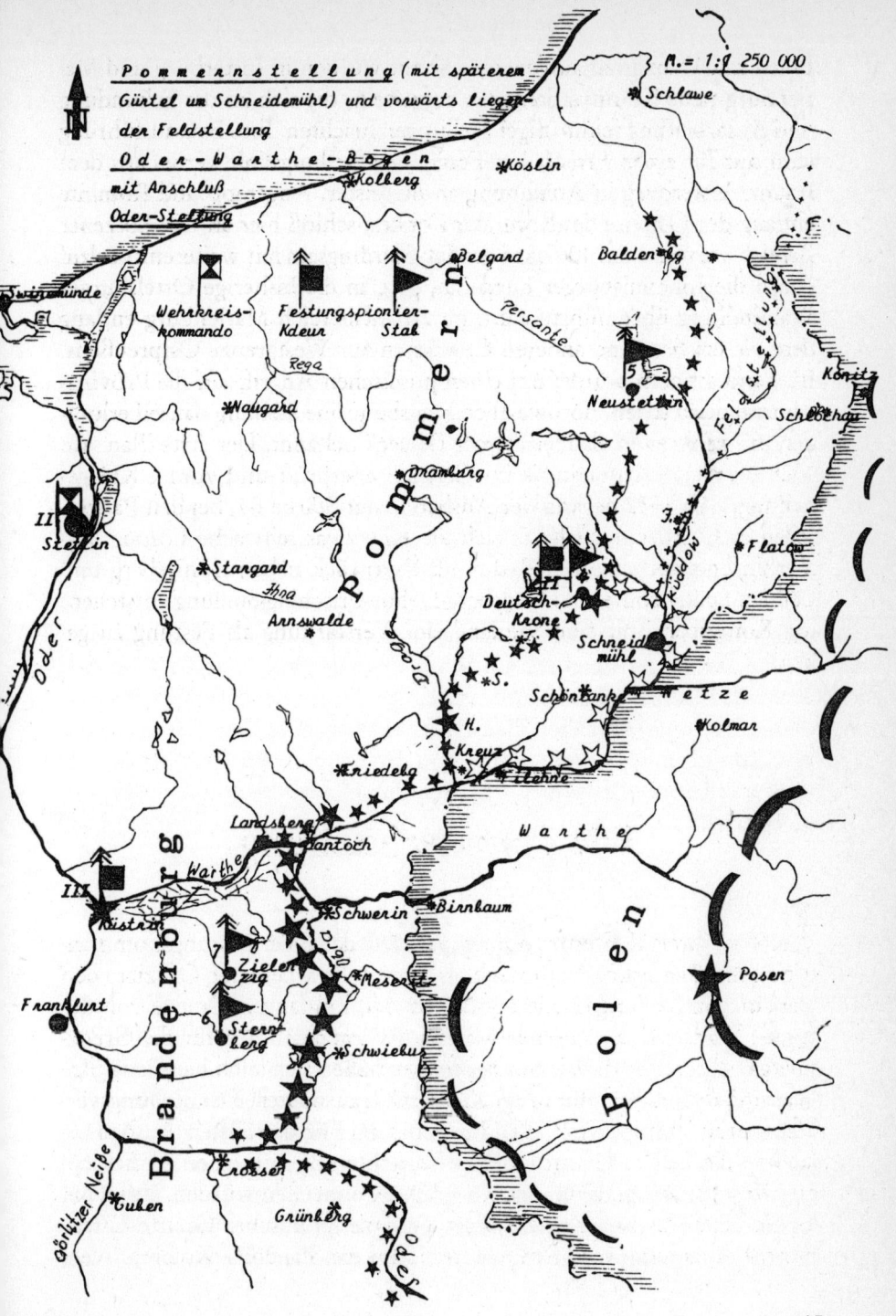

Pommernstellung (mit späterem Gürtel um Schneidemühl) und vorwärts liegender Feldstellung

Oder-Warthe-Bogen mit Anschluß Oder-Stellung

M.= 1: 250 000

Wehrkreiskommando

Festungspionier-Kdeur

Stab

Swinemünde

Stettin II

Oder

Stargard

Arnswalde

Ihna

Pommern

Naugard

Rega

Persante

Kolberg

Köslin

Schlawe

Belgard

Baldenburg

Neustettin

Könitz

Schlochau

Flatow

Dramburg

Kladow

Deutsch-Krone

Schneidemühl

Schönlanke

Kolmar

Netze

S.

H.

Kreuz

Friedeberg

Filehne

Warthe

Landsberg

Vietz

Zantoch

Schwerin

Birnbaum

Küstrin

Warthe

Zielenzig

Meseritz

Obra

Frankfurt

Sternberg

Schwiebus

Brandenburg

Crossen

Guben

Görlitzer Neiße

Grünberg

Oder

Posen

Polen

45

stettin, Deutsch Krone, Schneidemühl und Stargard, außerdem das Reiter-Regiment 5 in Stolp und Belgard sowie eine Kompanie der Kraftfahrabteilung 2 in Kolberg.

In Neustettin wurde 1931 eine Kommandatur aufgestellt, die in Dt. Krone 1932 eine zweite Abteilung einrichtete, um 1933 in eine Kommandantur einzugehen. Diese zwei Abt. Pi. waren mit Festungsbaupersonal besetzt. Die Pommernstellung wurde genau erkundet, Bauentwürfe für Bunker aufgestellt. Diese HKL verlief von Baldenburg vorwärts Neustettin, südlich weiter um Dt. Krone, in westlicher Richtung bis nahe Landsberg mit Anschluß an das Festungssystem des Oder-Warthe-Bogens, war insgesamt 160 km lang. Die Endmoränenlandschaft mit weiten landwirtschaftlich genutzten Flächen und großen Forsten ist von vielen, oft tief eingeschnittenen Wasserläufen und Seen gekennzeichnet.

Die zwei neuen Festungsbaudienststellen (Abt.Pi.) entwarfen für den ersten Sicherheitsausbau Mannschaftsunter-, MG-Scharten- und Beobachtungsstände. Die geringen Mittel erlaubten nur eine lockere Linie der Bunker, hinter Wasserhindernissen mußten vier bis sechs auf 1 km Frontlänge ausreichen. Ab 1934 konnte die gesamte Stellung auch mit einer geringen Tiefenstaffelung verstärkt werden. Einen kräftigeren Ausbau bekam die Stellung u.a. am Schnitt mit der Reichsstraße 1 bei der Ortschaft Hochzeit. Hier wurde für einige Bauten die Baustärke B angeordnet. Stauanlagen halfen Bauwerke auszusparen. Die Wasserversorgung konnte mittels einer Reihe von Kolbenpumpen (Abessinier) erreicht werden, weil zwischen den Seen durchlaufende Grundwasserströme bestehen.

Der 2. August 1934

Der Todestag des Reichspräsidenten GFM von Hindenburg fiel in die Zeit, als im Osten der Bau der festungsmäßigen Stellungen richtig in Schwung gekommen war. Am 2. August traten in allen Standorten der Wehrmacht Truppenteile, Kommando- und Dienststellen zum Appell an. So auch in Dt. Krone. Dort hielt der Festungskommandant Oberst v. Förster im Hofe der Kaserne des III./IR 4 seine Ansprache, verlas im Anschluß ein soeben eingetroffenes Telegramm und mußte sofort, wie darin befohlen, alle angetretenen Soldaten und Heeresbeamten auf den

Führer und Reichskanzler vereidigen. Hieraus ergab sich eine gelungene Überrumpelung, Absprachen unter andersdenkenden Offizieren, zumal wegen der unüblichen wiederholten Vereidigung, waren unterbunden. Diese Einschaltung erscheint angebracht, weil in den Nachkriegsjahren wenig Verständnis für den Treuestandpunkt der Soldaten aller Dienstgrade üblich geworden ist. Ohne Eid geht es bei keinem Regime, in keinem Staat, der sich auf seine Streitkräfte und Beamten verlassen will. Keineswegs soll hier angedeutet werden, die neue politische Ausrichtung habe durchweg damals nicht gepaßt. Wer konnte 1934 schon wissen, wohin die Reise führen würde. Erst später, vor allem im Kriege, kamen Zweifel auf.

Die Aufrüstung und Vergrößerung der Reichswehr, bald in Wehrmacht umbenannt, bot allen Dienstgraden eine verbesserte Karriere. Im August 1934 standen schon Hunderte von qualifizierten Feldwebeln im Leutnantsrange.

Viele 1918-1920 nach Hause geschickte kaiserliche Offiziere suchten reaktiviert zu werden und avancierten um einige Dienstgrade.

Der Oder-Warthe-Bogen

Die deutsch-polnische Grenze bildete westlich von Posen eine Einbuchtung mit nur 150 km bis Berlin, das somit gegenüber einem polnischen Angriff zu sehr gefährdet war. Polen schien nach seiner Wiedererstehung von 1918 Gelüste zu zeigen, sich vergrößern zu wollen. Allein Deutschland verblieb als lockendes Ziel. Der Entschluß der deutschen Führung, polnischen Absichten einen Riegel vorzuschieben, war nur logisch.

Nach den ersten Bauprogrammen mit der Pommern- und der Oder-Stellung galt es, den Zwischenraum von Landsberg/Warthe bis Tschicherzig (ostwärts Crossen) zu befestigen. Für diesen Abschnitt wurde der Begriff »Oder-Warthe-Bogen« feste Bezeichnung. Hier liefen die Geländeerkundungen schon um 1934 für ein Festungskampffeld an. Der OB des Heeres, der Chef des Generalstabes wie auch der Inspekteur der Pioniere und Festungen setzten sich gegenüber dem Reichskriegsminister und dem

AHA für das Kampffeld anstelle eines einfacheren stellungsmäßigen Baues durch. Bei der Ortsbesichtigung am 30.10.1935 genehmigte der Führer in Anwesenheit der vorgenannten hohen Generäle den Ausbau des Festungskampffeldes wie von der Inspektion der Festungen im OKH geplant.

Bei der Frontlänge von 110 km sollten in einer Tiefe von drei km zwei Infanteriedivisionen, davon ein Drittel als ständige Besatzung, festungsmäßig untergebracht werden. Das Gesamtprogramm war unter Berücksichtigung der Lieferfristen für die Panzerungen auf sieben Jahre Bauzeit bestimmt. Die Kosten wurden mit 600 000 000 RM veranschlagt.

Die Ausbaustärken gingen je nach Bedeutung eines Werkes und den Geländeverhältnissen von B bis A. Ein Teil der Straßen mußte in bombensicheren Hohlgängen geführt werden, deren Eingänge Kampfwerke sein mußten. Alle Gewässer waren mit neuen Wasserbauten als Kampfwagenhindernisse auszubauen. Anzulegen waren entlang der gesamten Front wie um jedes Einzelwerk breite Stacheldrahthindernisse. Das alte Prinzip der Sturmfreiheit war insgesamt gefordert.

Im Gesamtprojekt waren zum Einbau vorgesehen: Panzertürme für MG mit zwei, drei oder sechs Scharten, solche für 10 cm Haubitzen (sechs km Reichweite, 10-12 Schuß/Min.), Maschinen-Granatwerfer (50-600 m Reichweite, bis 120 Schuß/Min.), Flammenwerfer (75 m Reichweite), Panzerkasematten für 5 cm Pak und 15 cm Haubitzen, MG-Schartenplatten und Beobachtungstürme jeden Zweckes. Für die 24 Batterien der zwei Divisionen sollten Stellungen mit Mannschafts- und Munitionsunterständen gebaut werden. Die Fernmeldeeinrichtungen waren zwischen allen Werkgruppen und Einzelanlagen projektiert. Jedes Werk bekam einen Verbandsraum, jede Gruppe einen Verbandsplatz.

Für die Bedienung der Waffen, der Maschinenanlagen und für die Sicherheitskräfte war an dreifache Dienste für Ablösungen gedacht. Doppelte Ausstattung sollten für die Festungswaffen, fünf Tagessätze für Munition und Verpflegung in den Kampfanlagen liegen. In Depots mußten Vorräte für sechs Monate bereit sein. Die bombensicheren Hauptstrecken der Hohlgänge waren für eingleisige Feldbahn und Fußgängerverkehr in Doppelreihe vorgesehen, Nebenstrecken für Förderbahn und eine Reihe Fußgänger. Die Eingangsbauwerke waren als vollwertige Kampfanlagen der Außenverteidigung, ähnliche als abschnittsweise Innenverteidigung geplant.

Die Stauanlagen bekamen Ausbaustärken entsprechend benachbarter Werke. Eis auf den Stauflächen sollte die Tragfähigkeit mit Senken des

Wasserspiegels in den Grundablässen verlieren. Durch das Hauptkampffeld führende Straßen bekamen abdrehbare oder versenkbare Kipprollbrücken oder gepanzerte Schlagbäume.

Um alle Einzelheiten zu nennen, fehlt hier der Platz. Insgesamt lag ein imposantes Programm vor, das in Grundzügen den Festungswerken von Metz der Vorkriegszeit ähnlich war. Zuständig für die ersten örtlichen Maßnahmen war die Fb-Verwaltung der Festung Küstrin, bis 1935 an ihrer Stelle die Festungspionierstäbe 6 in Sternberg und 7 in Zielenzig neu aufgestellt wurden. Die Stauanlage in der Warthe bei Zantoch, ostwärts Landsberg, mit wirksamem Bereich bis in die Netzeniederung hinauf, gab ein ziviles Bauamt in Auftrag. Sie brach 1944 vorzeitig zusammen. Obwohl 1935 mit Teilen der Gesamtanlage begonnen wurde, ist für den Baubeginn des eigentlichen Kampffeldes der 1.4.1936 zu nennen. Hierfür traf die Inspektion der Festungen alle Vorbereitungen mit dem taktisch-technischen Gesamtentwurf, dann auch alle Panzeranforderungen. Die Reichsbahn baute rasch eine Strecke aus, mit der zwei Linien verbunden wurden, so ergaben sich Stichgleise zu Großbaustellen. Auch der Bau des 35 km langen Hohlgangsystems, an das 50 Einzelwerke angeschlossen werden sollten, lief planmäßig an.

Der in der Dringlichkeit bevorzugte Westwall brachte für den Oder-Warthe-Bogen eine Rückstufung. Festungsbaupersonal war abzugeben, Panzerteile wurden nach dem Westen umgeleitet. Rechtzeitig wurde noch das Tiborlager für drei als Sicherheitsbesatzung vorgesehene Regimenter fertig. Der Bau begonnener Werke, des Hohlgangsystems Hochwalde, der Infanterie- und Kampfwagenhindernisse durfte beendet werden. Damit bestand im September 1939 eine durchgehende Abwehrfront in B-Werken in etwa dreiviertel der Gesamtlänge zur Oder hin, doch die Tiefengliederung fehlte. Von rund 160 geplanten waren nur 60 Bauwerke fertig, es fehlten auch die Eingangsbauwerke für die Tunnel, Panzertürme für M 19 und Flammenwerfer. Mit dem Bau des Atlantikwalls begann eine Demontage durch Abgabe von Maschinen, eingelagerten Waffen, Nachrichtengeräten, Kabeln und Hindernismaterial. Ausgebombte Fabriken zogen dann in die Hohlgänge, der Propagandaminister verwahrte dort Akten.

Die Frontlage im Osten veranlaßte, den Festungsbereich wieder einigermaßen verteidigungsfähig zu machen. Es gelang, bis zum Januar 1945 eine durchgehende Feuerfront für MG aufzubauen, Erdarbeiten und einige Drahthindernisse vervollständigten die Abwehrkraft aber nur gering. Der Frost verhinderte ab Januar 1945 das Wirksamwerden der Stauhindernisse. Das Aus trat für die so hoffnungsvoll beurteilte Festung schnell ein. Der Sowjetmarschall Schukow hatte leichtes Spiel, gegen die kaum noch über Panzer und Artillerie verfügende 2. und 9. deutsche Armee anzugehen. Ein Desaster trat vollends ein, als Hitler seinem Gefolgsmann Himmler die Führung der neuen Heeresgruppe Weichsel übertrug. Ihm war vermutlich nichts von einer Pommernstellung und vom Oder-Warthe-Bogen bekannt. Der Hinweis eines Divisionskommandeurs, der zehn Jahre zuvor dort an Planung und Ausführung mitwirkte, blieb unbeachtet. In der Festungsanlage befanden sich nur wenige Truppen, die aber die mit MG wieder ausgerüsteten Panzertürme kaum besetzen konnten. Der hier eingesetzte Volkssturm verzog sich bald. Eine SS-Brigade hätte gewisse Abwehr leisten können, wären die Pläne der Anlage nicht versehentlich in Feindeshand geraten, womit den Sowjets der Weg in die Eingänge gewiesen wurde. An einer anderen Stelle soll dem Vernehmen nach ein Wallmeister mit zwei Maschinisten den Gegner durch Beschuß aus einem M 19 noch 48 Stunden lang aufgehalten haben. Die Luftwaffe konnte helfend nicht einwirken.

Wäre die so großzügig geplante Festung fertig gebaut, mit allen Waffen und Einrichtungen ausgestattet, mit der geschulten Sicherheitsbesatzung besetzt gewesen, dürfte die verlangte Abwehrleistung gegeben gewesen sein, selbst unter den Bedingungen von 1945.

Im Zusammenhang mit den Grenzsicherungen an den deutschen Ostgrenzen ist zu erwähnen, daß um 1935/36 in Weiden/Oberpfalz der Festungspionierstab 16 eingesetzt war, um an Grenzübergängen zur Tschechoslowakei in geringem Umfang leichte Kampfanlagen und Straßensperren zu bauen.

Festungsmäßiger Stellungsbau im Westen

Zwischen Frankreich und der Tschechoslowakei weist Deutschland die Einschnürung von rd. 300 km auf, die zu einem Angriff mit Spaltung des Reichsgebietes verleiten konnte. Für einen Angriff aus dem Westen eignet sich das untere Maintal wie auch der als Einfallpforte bekannte Kraichgau mit Stoßrichtung auf Heilbronn. Solchen Absichten vorbeu-

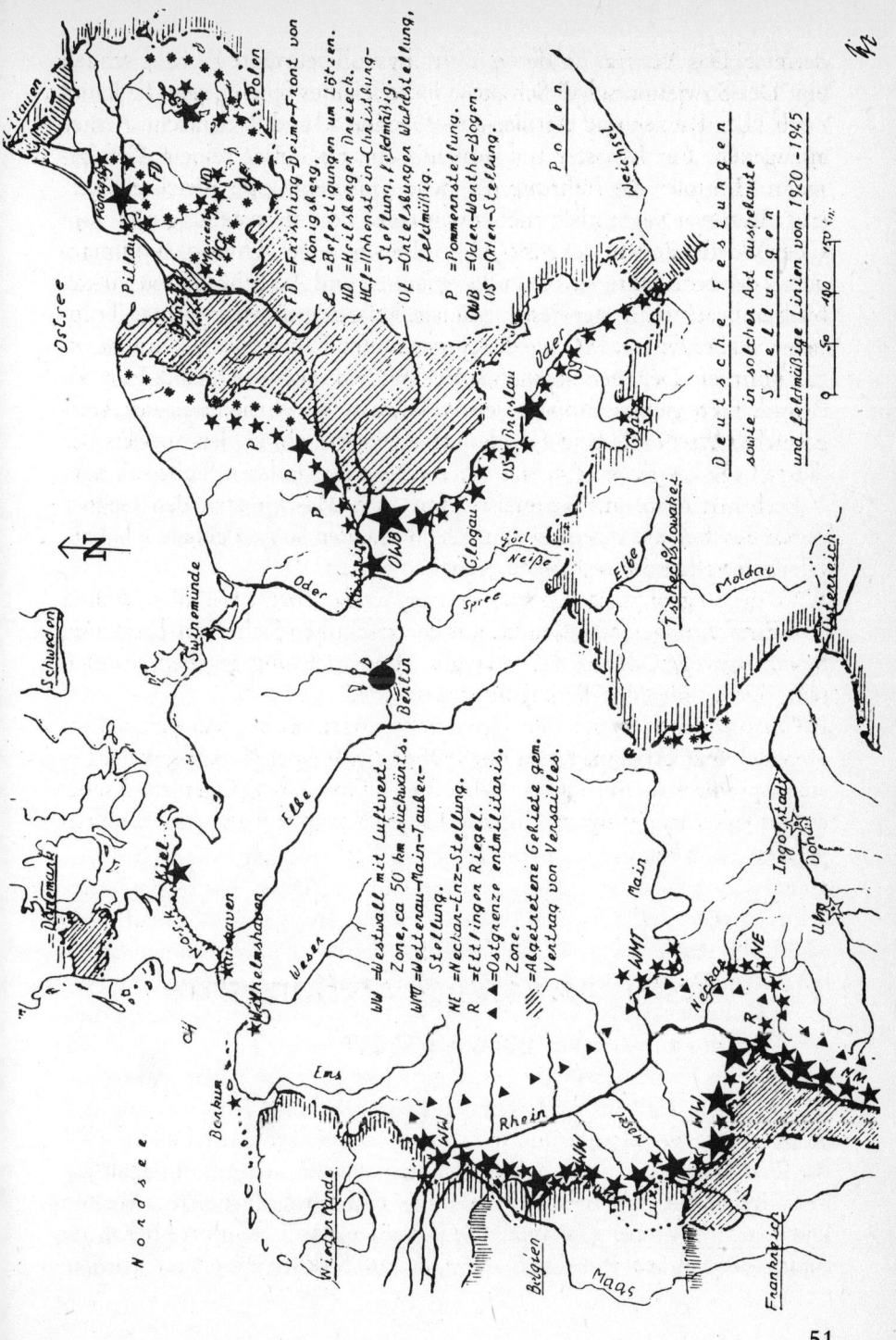

Deutsche Festungen
sowie in solcher Art ausgebaute
Stellungen
und feldmäßige Linien von 1920 – 1945

FD = Fritsching-Deime-Front von
Königsberg.
L = Befestigungen um Lötzen.
HD = Heilsberger Dreieck.
HCf = Hohenstein-Chaizikung-
Stellung, feldmäßig.
Uf = Untelsbungen Wachtstellung,
feldmäßig.

P = Pommernstellung.
OWB = Oder-Warthe-Bogen.
OS = Osten-Stellung.

WW = Westwall mit Luftwar.
Zone, ca 50 km rückwärts.
WMT = Wetterau-Main-Tauber-
Stellung.
NE = Neckar-Enz-Stellung.
R = Ettlinger Riegel.
▲ = Ostgrenze entmilitaris.
Zone.
⫶ = Abgetretene Gebiete gem.
Vertrag von Versailles.

51

gend, wurden 1934 die Wetterau-Main-Tauber-Stellung sowie unter Auslassung des Odenwaldes die Neckar-Enz-Stellung bei Wahrung der 50 km Zone ostwärts des Rheins erkundet und 1935/36 ausgebaut. Diese zwei Stellungen bekamen in durchgehenden Linien MG-Schartenstände für lückenloses Feuer auf Vorfeld und Flüsse, Führungs-, Mannschafts- und Beobachtungsstände mit Panzertürmen. Die Ausbaustärke war noch B1 mit nur 1,00 m für Wände und Decken. Kampfwagenhindernisse entstanden vorwiegend im Kinzigtal vorwärts Gelnhausen, Infanteriehindernisse unterblieben noch. Die späteren grenznahen Befestigungen ließen die dann unwichtig erscheinenden Stellungen fast in Vergessenheit geraten. Auch hier kam Zubehör an den Atlantikwall.

Für die Erkundung und den Bau waren in Gießen und Stuttgart die vorübergehend als »Fürsorgestellen« getarnten (Festungs-)Baugruppen aufgestellt worden, aus denen bald die Festungsinspektionen IV in Aschaffenburg mit den drei Festungsbaugruppen in Büdingen, Aschaffenburg und Miltenberg, V in Heilbronn, dort mit zwei, in Ludwigsburg mit einer Festungsbaugruppe hervorgingen.

Festungsbaudienststellen ab 1919

Dem sachfremden Leser muß die wechselvolle Benennung der rein militärischen Dienststellen des Festungsbaues auffallen. Nach dem Weltkrieg wurden die Fortifikationen in Festungsbauverwaltungen umbenannt, die der jeweilige 1. Pionieroffizier leitete. Neue Kommandanturen mit entsprechenden Aufgaben hatten stattdessen ihre Abteilung Pioniere. In beiden Fällen unterstanden sie festungsbaufachlich dem Stopi der WkrKdos mit weiterem Dienstweg zu In 5 im OKH. Von 1932-1935 standen die Inspizienten für Festungsbauwesen dazwischen, denen die Inspektionen der Ost- und Westbefestigungen unter Ausschaltung der Stopi folgten.

Ab 1934/35 wurden Festungsinspektionen eingerichtet, unter denen die Festungsbaugruppen bzw. ab 1936 die Festungspionierstäbe standen. Die Inspektionen der Ost- und Westbefestigungen liefen 1939 bis Kriegsbeginn als Höhere Pionieroffiziere der Landesbefestigung, sie wurden

Westwall - _Regelbau eines flankierenden Geschützschartenstandes_
mit je einem 3 - und 6 - MG-Schartenturm. Aushaustärke A,
Panzertürme in Stärke B, weil
in A noch nicht lieferbar.

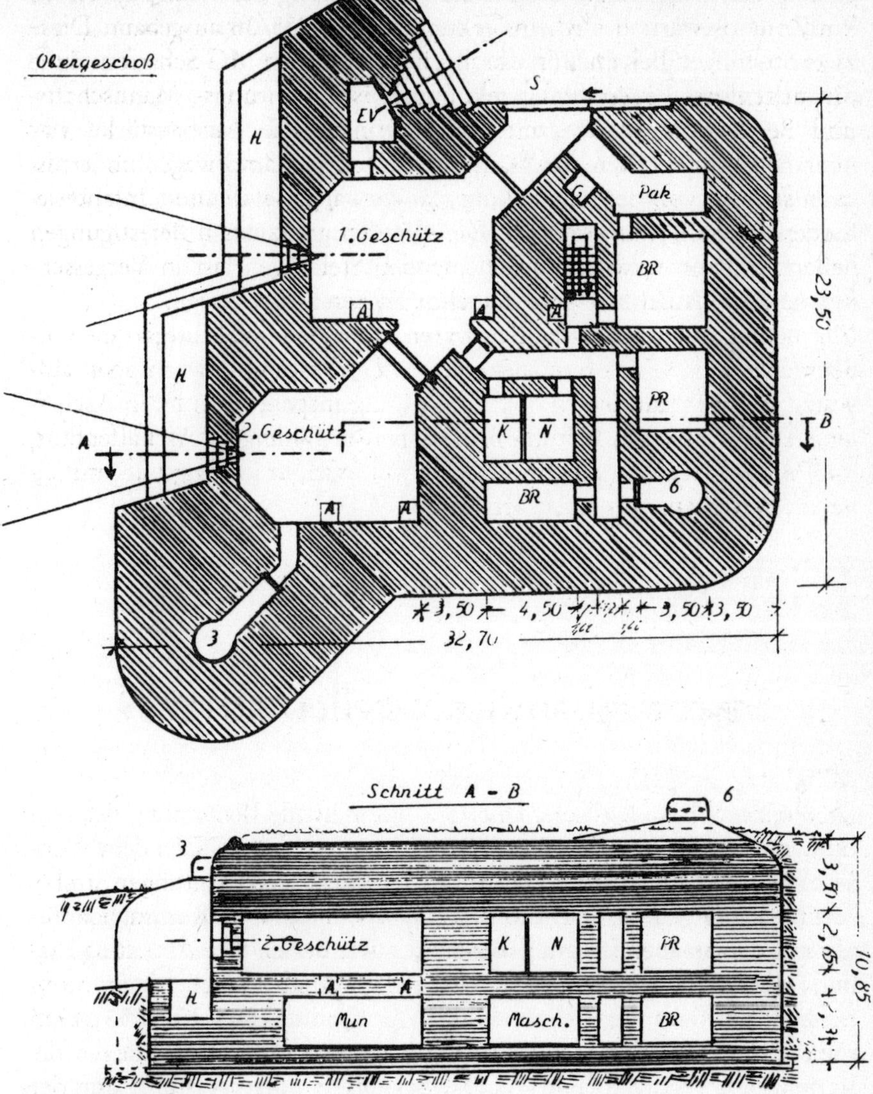

Obergeschoß

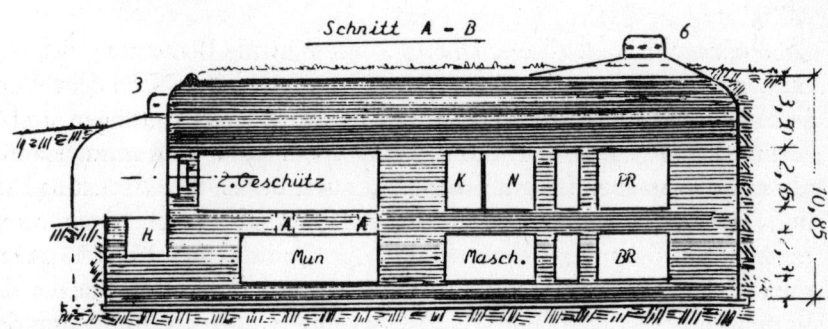

Schnitt A - B

M = 1 : 250

A = Aufzüge für Munition
BR = Bereitschaften
EV = Flankierungsanlage
G = Entgiftungsanl. u. Abort
H = Hülsengruben
K = Führer/Kommandant
Mun = Artilleriemunition
Masch = Maschinenraum

rd. 6200 m³ Stahlbeton

N = Nachrichtendienste
Pak = Pak-Unterstellraum
PR = Plannraum
S = Schiebetor
3 = Panzerturm 2P7 mit 3 Scharten
6 = Panzerturm 20P7 mit 6 Scharten

53

am 1.X-Tag, (dem 26.8.39) aufgelöst, ihre Offiziere und Beamten kamen Mob.-Beorderungen nach. Zuvor standen die Inspektionen der Ost-Westbefestigungen im Range von Brigaden, die Festungsinspektionen im Regiments-, die Fest.Pi.Stäbe im Bataillonsrang. Ab Kriegsbeginn wurden die Festungsinspektionen Oberbaustäbe, bald danach Festungspionierkommandeure zu Brigaden, die Festungspionierstäbe zu Regimentern mit zwei bis drei Fest.Pi.Abschnittsgruppen als Bataillone, denen nach Bedarf Festungsbaubataillone, Baubataillone und Sondereinheiten zugeteilt waren, angehoben. 1940 entstanden neu die Inspekteure der Landesbefestigung Ost, Nord, West, zuletzt Südost als Divisionsstäbe. Ihnen unterstanden alle vorgenannten Formationen.

Der Westwall

Im März 1936 überschritten die deutschen Truppen die Demarkationslinie, rückten über den Rhein bis zu den Grenzen vor. Die Festungspioniere an Main und Neckar folgten später nach, die Insp.Westbef. wurde von Berlin nach Wiesbaden verlegt. Für die rd. 600 km lange Frontlinie kamen nach und nach weitere Stäbe aus dem Osten zum Einsatz, neue wurde aufgestellt. Bis 1938 lagen fünf Fest.Insp. mit 13 Fest.Pi.St. im gesamten Bereich.

Der von taktischen Stäben festgelegte, letztlich vom OKW/Chef Hltg genehmigte Stellungsverlauf wurde von den Fest.Pi.St. baumäßig erkundet, danach die taktischtechnischen Bauvorentwürfe, nach deren Genehmigung die genauen Bauentwürfe aufgestellt. Bis 1938 blieb zumeist der In5/Fest die Baugenehmigung vorbehalten. Gleichartige Kampf- und Unterstände bekamen seitens der InspWestbef. das vorläufige Kennzeichen »Li«, woraus später die Regelbaunummern entstanden. Mit diesem Verfahren wurde viel Zeit vertan, aber das Heeresverwaltungsamt im OKH bestand darauf, die Reichshaushaltsordnung einzuhalten. Schon Generaloberst von Seeckt klagte über den Kampf gegen den Militärbürokratismus.

Dieser hemmenden Arbeitsweise machte Hitler den Garaus, als er im Mai 1938 davon erfuhr. Damals besichtigte er den Bereich des Fest.Pi.St.

17. Ungeschickte Umstände wie die Trennung der Wagenkolonne durch eine Bahnschranke, verärgerten ihn so sehr, daß er kaum dem Bericht des F.Pi.St.-Kommandeurs folgend, sich wenig informierend, alsbald die Rückreise befahl. Hierbei fielen aus seinem Munde Worte wie: »Ich sehe hier nichts als Bauzäune und Sch...-häuser!« Der Kommandeur dieses Stabes wurde mit Sachbearbeitern in die Reichskanzlei zur Berichterstattung befohlen. Im Grunde genommen hätte der Führer über die vielen Bauzäune erfreut sein müssen, bewiesen sie doch wie ringsum intensiv gebaut und auf die Geheimhaltung der Bauvorgänge geachtet wurde. Sein Stellvertreter Rudolf Heß zeigte sich bei einer Besichtigung zu dieser Zeit freundlich, hatte anerkennende Worte gegenüber einem Nachrichtenbeamten dieses Stabes, den er bei Nachtarbeiten mit seinen Leuten überraschte.

Ausschlaggebend für Hitlers unwirsches Verhalten scheint die Mobilmachung des tschechoslowakischen Heeres am 20. Mai 1938 gewesen zu sein. Er war besorgt, für seinen Aufmarsch an dieser Grenze keine Rückendeckung im Westen zu haben. Vergessen war aber, welchen Zeitraum für den Ausbau der Westgrenzen er im Oktober 1935 dem Inspekteur der Pioniere und Festungen, General Förster, auf dessen Frage gegeben hatte. Erst 14 Tage später, also nicht spontan, wurden 15 Jahre genannt. Diese Frist galt der Gesamtplanung, auch der Fertigung der Panzerungen. Nach einem halben Jahr, im Frühjahr 1936, wurden zehn, erst danach vier Jahre als Endziel gefordert. Zu alledem sollten statt 20 nun 40 Divisionen festungsmäßig untergebracht werden.

Mit dem erweiterten Programm ergab sich die zeitraubende Neuerkundung für die nun enger zu setzenden Bauwerke, um sie taktisch richtig in das bisherige Stellungssystem einzubinden. Für den Festungsbau gilt seit altersher: jede Kürzung des unumgänglichen Zeitbedarfs schwächt letztlich die geforderte Abwehrkraft, weil wichtige Maßnahmen entfallen müssen oder weniger gründlich gearbeitet wird. Für solche Wahrheiten war bei der Obersten Führung kein Ohr.

Die Festungspioniere wissen, wie angespannt, fast leidenschaftlich gearbeitet wurde. Es wurde aber keine Notiz davon genommen, daß das Festungsbaukorps kräftemäßig zu schwach war, bei einem Viertel der ursprünglichen Bauzeit mit verdoppelter Baumasse der Anforderung nachzukommen. Zudem mangelte es an den wichtigsten Baustoffen. Dies war im Frühjahr besonders gravierend, weil als Beispiel statt 795 000 nur noch 288 000 t Stahl zugebilligt worden waren. Ähnlich verhielt es sich mit Zement und Bauholz, aber auch mit Arbeitskräften.

Major v. Below, Hitlers langjähriger Adjutant, schreibt in seinen Erinnerungen an diese Zeit, sein Chef wäre über veraltete MG-Türme verärgert gewesen. Bis kurz zuvor hatte er nichts gegen solche Türme in der Festungsfront zwischen Warthe und Oder einzuwenden. Geändert wurden sie nicht, weil eine bessere Lösung kaum zu finden war. Irgendwelche Gedanken ließen sich in den Betonbauten leicht erfüllen, für deren einfachere Formen, also ohne Waffenräume, der Oberste Befehlshaber reichlich Zeit fand, vor einem Publikum lustvoll andere Entwürfe zu skizzieren. Nur Laien bewunderten das Zeichentalent Hitlers.

Auf die im Mai abrupt abgebrochene Reise Hitlers mußte der im Festungsbaufach völlig unbewanderte OB der Luftwaffe Göring, begleitet vom Generalinspektor für das Deutsche Straßenwesen, Dr.Ing. Fritz Todt, mit dessen Ministerialrat Schultze-Fielitz und Oberbaurat Henne den Stellungsbereich im Westen inspizieren. Das Gutachten fiel wie anders nicht zu erwarten, negativ aus, obwohl bereits 1360 Bauwerke vom Gruppenunterstand bis zu MG-Werken mit Panzertürmen fertig waren oder im Bau standen. Göring nahm sich nicht die Zeit, um Berichte der Festungsinspekteure über Planung, Bauzustand, mangelnde Geldzuteilung, Baustoff- und Panzerlieferungen sowie fehlende Baukräfte anzuhören. Gewissenhaft und wahrheitsgetreu konnte der Bericht also nicht ausfallen. In der Luftverteidigungszone West, deren Bau Sache der eigenen Bauorganisation war, standen die Dinge nicht besser.

In »Hitlers Weg zum Krieg 1933-39« schreibt David Irving von Experten der Luftwaffe, die Göring begleiteten. Wer sie waren, woher sie kamen, wäre interessant zu wissen. Sollten Gen.d. Flieger Kitzinger oder Oberst Baas gemeint sein, ist das Prädikat Experte nicht zutreffend, weil sie bei Bauvorhaben der Art am Westwall nie mitgewirkt hatten. Der dort zuständige GenMj. Schmetzer hatte im Festungsbau die meiste Erfahrung aller deutschen Offiziere.

Bei dieser Sachlage scheint für Hitler festgestanden zu haben, den Ausbau nur mit Herbeiziehung des Generalinspektors Dr. Todt zeitgerecht verwirklicht zu bekommen. Am 28. Mai 1938 verpflichtete er ihn, gab vier Monate Zeit bis zum 1. Oktober. Von diesem Vorgang erfuhr die Inspektion der Westbefestigungen erst am 5. Juni aus dem Befehl des OKH, mit Ergänzungen der In 5/Fest und der Heeresgruppe 2. Bereits am Pfingstmontag, dem 6. Juni, holte ihr Kommandeur, GenMj. Speich, seinen engeren Mitarbeiterstab (Der Verfasser war anwesend) zusammen, um das Vordringlichste anzuordnen. Am nächsten Tag fand im Lesesaal der Wehrkreisbücherei in Wiesbaden die grundlegende Sitzung statt, um die vielen Belange zu koordinieren. Zu ihr erschien Dr. Todt mit seinen führenden Beamten und vielen Parteigewaltigen aus dem Westraum. Seitens des Heeres traten der OB der Heeresgruppe 2 mit den kommandierenden Generalen der Wehrkreise VI, XII, V und der anderen Kommandostäbe sowie der Inspekteur der Westbefestigungen, jeweils mit Begleitung auf.

Für die zentrale oberste Bauleitung der Straßenbauer und der jetzt verstärkten InspWestbef. wurde das Palasthotel »Der Kaiserhof« in Wiesbaden für eine Million RM angekauft. Hinzu kamen ein Stab des RAD, der Reichsbahn sowie Vertreter von irgendwie den Bau beeinflussenden Reichsbehörden. Sie fanden ihre Büros in der Dependance des Hotels. Damit war eine Zusammenarbeit gewährleistet, die alsbald Erfolg zeigte. Hemmnisse in der Baulandbeschaffung, in Baustoffanlieferungen und Zufuhr der Zuteilung von Arbeitskräften entfielen. Jetzt reichlich zufließende Gelder machten den Festungspionieren die Arbeit leichter.

Im Schrifttum wird über ein ungutes Verhältnis zwischen den beiden Bauorganisationen geredet. Dafür sorgte Hitler mit seinen Auslassungen gegenüber den Festungspionieren. Man kann sehr wohl annehmen, der Auftrag an Dr. Todt entsprang der emotionell reizbaren Haltung gegenüber den Generalen des Heeres. In die fachlichen Belange der Truppe konnte er nicht hineinreden, dagegen erhoffte er, im Festungsbau nur befehlen zu müssen, um seine Forderungen erfüllt zu sehen.

Mit Pauken und Trompeten kam also eine fachfremde Organisation, die zeigen wollte, wie gebaut werden müsse. Zumindest seit der Zeit Friedrichs des Großen, also vor 200 Jahren, lag der Festungsbau in Händen des Ingenieurkorps mit Fachsoldaten aller Dienstgrade. Wie sollten die Festungspioniere überschwengliche Freude empfinden? Im umgekehrten Falle, nämlich Pioniere als Besserwisser zum Bauen von Autobahnen befohlen, hätte ein solches Begehren ebenso wenig Anklang gefunden. Die einen wie die anderen waren in ihrem Fach beschlagen und keine Neulinge.

Allzubald stellte sich heraus, daß die für einen Kampf um Verteidigungsanlagen unbedingten taktischen Forderungen als nebensächlich beiseite geschoben werden sollten, nur um zahlenmäßig Bauerfolge vorweisen zu können. Der Soldat muß anders denken als der zivile Baurat, die Taktik muß hier mit dem Festungsbau im Einklang stehen. So blieb nicht aus, daß trotz allen guten Willens mehrfach Interessenkonflikte auftraten. Das widersprüchliche Vorgehen seitens der OT war allerdings in Hitlers unklaren Anordnungen über den Umfang der Befugnisse zu suchen.

Nachdem Dr. Todt Hitler versprochen hatte, wöchentlich 400 bis 500 Bunker fertigzustellen, mußte sein Leiter der Einsatzgruppe West, Oberbaurat Henne, die OT-Bauleitungen unerbittlich antreiben. Diese wiederum wollten dort bauen, wo Gelände, Anfahrwege und Bauwerke selbst, die geringsten Schwierigkeiten und besten Erfolgschancen erwarten ließen. Der militärische Standpunkt, auch während der Bauzeit eine gewisse Verteidigungsmöglichkeit innerhalb des gesamten Stellungsbereiches zu gewährleisten, war den Bauleitern gleichgültig. An Meinungsverschiedenheiten konnte es nicht fehlen, draußen mit den Kommandeuren der Fest.Insp. und FestPiSt., in Wiesbaden zwischen den Herren Henne und Speich. Dort bemühten sich aber die Referenten und Sachbearbeiter beider Seiten, durch nachhaltige Zusammenarbeit Diskrepanzen auszubügeln. Um gegenüber dem Militär gewichtiger dazustehen, wurden Dr. Todt zum Generalmajor der Luftwaffe, Oberbaurat Henne zum Sturmbannführer der SS ernannt.

Nachdem die Regelbauten eingeführt waren, bedurfte es nur noch der Vorlage an vorgesetzter Stelle bei stark abweichenden Sonderplanungen, insbesondere bei B-Werken, deren komplizierte und ineinandergreifende maschinelle Systeme für Waffen, Nachrichten- und Lüftungsgeräte einer genauen Abstimmung bedurften. Verzögerungen mit der Baugenehmigung waren unvermeidbar, weil vor allem die Spezialisten des Heereswaffenamtes nach allen Seiten stark beansprucht waren. Die Bauleitungen der OT und alle FPiSt. wurden alsbald mit gedruckten Plansätzen aller Regelbauten für Aushub im normalen Falle, Schalung, Rundstahlgeflecht der Bewehrung, Trägerlagen, Panzereinbauteilen jeder Art, Rohrverlegung für Nachrichtenkabel, Lüftung, Rauch- und Sprachrohre, MG-Auflagerung, Innenausstattung usw. beliefert. Somit lag für jedes Bauwerk jeglicher technische Vorgang eindeutig fest. Die OT brauchte nur zu bauen, allenfalls wie in der Praxis immer vorkommend, je nach Gelände ergänzende Zeichnungen für Schußfeldbereinigung, Hangsicherung und Zugänge auszuarbeiten. Grotesk ist deshalb die Behauptung der OT, sie habe bei ihrem Antritt erst mal Baupläne zeichnen müssen, denn die FPiSt. waren angewiesen ihre Bauunterlagen gleich zu Anfang herauszugeben. Die FPiSt. bauten nach Beseitigung der bisherigen Behinderungen mit ihren Baufirmen flott weiter, waren bestrebt zu zeigen, daß ihr Leistungsvermögen nicht geringer war. Die gesamten Fernmeldeanlagen, Verkabelungen mit allem, was dazu gehört, wurden vom Nachrichtenpersonal der FPiSt. entworfen und baulich fertiggestellt. Solche nicht ins Fach schlagenden, zeitaufwendigen und leistungsmäßig nicht ins Auge fallenden Arbeiten waren der OT nicht gefällig, hier waren Rekorde nicht vorzuweisen. Sie übernahm aber große Hindernisbauten mit Steilhängen als Panzerhindernisse, Wassergräben, vor allem die betonierten Höckerhindernisse ins eigene Programm. Dagegen blieben die Stollenanlagen in Planung und Ausführung in den Händen der Festungspioniere.

Im Sommer 1938 waren größere Kampfanlagen in den Ausbaustärken B bis A geplant, vermessen und in den Bauentwürfen ziemlich fertig. Hier handelte es sich um Werke an taktischen Schwerpunkten in den Räumen Aachen, Trier, Saarbrücken, Zweibrücken, Bergzabern bis zum Bienwald wie auch auf dem Isteiner Klotz am Oberrhein. Ihre Bauausführung verzögerte sich wegen der nur langsam ankommenden Festungspanzerungen. Selbst bei den einfacheren MG-Schartenplatten kam es zu Rückständen. Solche Baustellen ruhten, bis die entsprechenden Panzerteile eintrafen, um nachträglich in die Aussparungen des Betonmauerwerks eingesetzt zu werden.

Festungspanzerteile mit größeren Gewichten brachte die Reichsbahn auf Tiefladerwagen bis zum nächsten, mit Kränen versehenen Bahnhof. Ihr Weitertransport geschah mit vielachsigen Schwerstlastwagen der Bahn oder des Heereswaffenamtes. Für das Umladen, dann Versetzen in die Bauwerke, stellte das Heer auch Kräne bis 75 t, von denen bei Bedarf zwei zusammenwirkten. Erhebliche Erschwernisse traten fast regelmäßig auf, weil die Straßen nicht den festen Unterbau der heutigen Art hatten, Bahnunterführungen zu niedrig, Brücken zu schwach waren. Von solchen den Bau verzögernden Momenten wollte Hitler nichts hören.

Für die Massengüter wie Zuschlagstoffe, Zement und Bauholz sorgte die Reichsbahn mit einem Kreislauf der Güterzüge von den Rheinstrecken zur Baufront und zurück. Hier traten allerdings gelegentlich Störungen durch fehlende Güterwagen auf, weil sie nicht rasch genug entladen oder für andere Transporte gebraucht wurden. Die Bahn richtete im Kaiserhof für die Einsatzgruppe West eine Fernschreibstelle ein, von der die Insp.Westbef. Gebrauch machen durfte. In Erinnerung ist, daß jetzt die Gauleiter, zuvor den Festungspionieren wenig entgegenkommend, wetteiferten, die Baumaßnahmen zu unterstützen.

Dies alles zeigt, wie berechtigt die Frage war, ob die Festungspioniere unter den Voraussetzungen, die Dr. Todt gegeben hatte, nicht gleichfalls eine um das Vielfache gesteigerte Leistung fertig gebracht hätten. Sie hatten aus ihren Baumaßnahmen in Ost und West Kenntnisse und Erfahrungen gewonnen und wußten, wie die Sache anzufassen war. Zwar fehlte technisches Personal, das wie für die OT hätte herangeholt werden können. Mit dem ungemein energischen, wegen seiner zielbewußten, rastlosen Schaffungskraft, bei reichem Wissen um den Festungsbau und darin zukunftsweisenden Gedanken bekannten Inspekteur der Westbefestigungen, GenMj. Dr. Speich, verfügten die Pioniere über einen aus dem Generalstab kommenden Kopf, der sich sehr wohl hätte durchsetzen und die Arbeit mobilisieren können. Ihm fehlte allerdings die Gabe des Schöntuns wie auch die der vagen Versprechungen, Eigenschaften, die mithalfen, ihn vorzeitig in den Ruhestand zu verabschieden. Für ein gewichtigeres Auftreten, auch innerhalb des Heeres, wäre es dringend notwendig gewesen, die InspWestbef. höher, etwa gleich einem Generalkommando, einzustufen. Dies konnte aber nicht in den Rahmen der eingespurten Hierarchie passen.

Die 400 bis 500 wöchentlich fertigzustellenden Bunker, die Dr. Todt zugesichert hatte, müssen in Unkenntnis der Sachlage als Gefälligkeitszusage gewertet werden. Ein nur oberflächlicher Blick auf Schemazeichnungen der einfachen Unterstände läßt ihren Bau als eine simpele, sich wiederholende Arbeit erscheinen. Zu allen schon genannten Behinderungen kam hinzu, daß nach dem Betonieren mindestens eine Woche verstrich, bis die beim Abbindevorgang bis auf 70 Grad ansteigende feuchte Luft das weitere Arbeiten im Bauwerksinneren zuließ.

Hitler verlangte, bis zum 1. Oktober 1938 sollten noch 1800 MG-Schartenstände und 10 000 Befehls-, Beobachtungs- und Mannschaftsunterstände fertig werden. In 14 verfügbaren Wochen hätte dies 11 800:14 = 840 sein müssen. Forderung und Zusage waren also unrealistisch.

Die Wirklichkeit, nicht das, was Hitler in seiner an das deutsche Volk (und an die Welt) gerichteten Rede im November 1938 verkündete, stellte sich anders dar. Er sprach von 8000 Bunkern, die im Westwall stünden, doch nach der von InspWestbef. am gleichen Vormittag eingeholten Umfrage bei den FestPiKd standen einschließlich der OT insgesamt erst 3000. Über die anderen 5000 gab es bei den Sachkennern des InspWestbef. die Vermutung, es könnten die von den Pionierbataillonen und RAD-Abteilungen, gebauten nicht permanenten, feldmäßigen Unterstände, vielleicht auch Betonbauten in der LVZ mitgezählt sein. In rd. 100 Arbeitstagen waren von Juli bis Oktober 1938 nur 3000 abzüglich der vorhandenen 1360 = 1640, somit nicht wöchentlich, sondern monatlich etwa 410 Bauwerke geschaffen worden.

Aus dem Bericht des InspLbWest vom 30. November 1944 an den OB West geht hervor, daß zu dieser Zeit 8070 Bauwerke jeder Art im gesamten Westwall des Heeres festgestellt werden konnten. Rechnet man die zu dieser Zeit im Raume Aachen — Hohes Venn bereits in Feindeshand stehenden Bauwerke mit rd. 1600 hinzu, ergeben sich etwa 9700, die insgesamt bis zum Mai 1940 gebaut worden waren. Von ihnen entfielen, was sich nachrechnen läßt, ein gutes Drittel auf die FestPiSt, die neben den Betonarbeiten anderen Aufgaben nachkommen mußten. Hier ist zu berücksichtigen, daß 1938 der OT 342 000, den FestPiSt. nur 90 000 Arbeitskräfte zugewiesen waren. Hitlers Forderung von 1938 wurde bis zum Westfeldzug Mai 1940 nur mit rd. Dreiviertel erreicht.

In Veröffentlichungen der Nachkriegszeit werden allenthalben 14 000 Bunker und Kampfanlagen erwähnt. Für sie wären u.a. 8 000 000 t Zement, 20 500 000 t Zuschlagstoffe und 1 200 000 t Stahl verbraucht worden. Diese Zahlen scheinen reihum der Schrift »Befestigungswesen« des Generals der Pioniere Otto-Wilhelm Förster, der von 1933-1938 Inspekteur der Pioniere und Festungen im OKH, danach Befehlshaber des VI.AK war, entnommen zu sein. Ihre Herkunft ist nicht bekannt und wurde möglicherweise aus Darstellungen der OT entnommen.

Die Unstimmigkeit in der Gesamtzahl 14 000 mit den 9700 vorhandenen Bauwerken regt zu einer Nachprüfung anhand der angeblich verbrauchten Baustoffe an. Als Mittelwert des Betonbedarfs, anteilmäßig auf Bautypen und ihre Anzahl, ergeben sich 640 m³ je Bauwerk. Eindeutig feste Werte sind die ausdrücklich vorgeschriebenen 400 kg Zement und der zwangsweise nötige Bedarf von 1950 kg Zuschlagstoffen (Kies oder Splitt und Sand) je m³ Beton.

Für Zement und Zuschlagstoffe ergibt sich:

8.000.000 t Zement : 0,4 t/m³ = 20.000.000 m³ Beton,
20.000.000 t Zuschlagst. : 1,95 t/m³ = 10.512.820 m³ Beton.

Westwallbauten 1940 = 9.700 mit i.M. 640 m³ Beton.
Höckerhindernisse 280 km, 10-20 m breit, mit i.M. 4.000 m³ Beton/km.

I. Es ergibt sich für	Beton m³	Zement t	Zuschlagstoffe t
9.700 x 640 =	6.208.000	2.483.200	12.105.600
280 x 4.000 =	1.120.000	448.000	2.184.000
	7.328.000	2.931.200	14.289.600

dazu rd. 35% für Geschützbettungen, Nachrichtenzwecke, Straßen, Hohlgänge usw.	2.572.000	1.068.800	5.010.400
zusammen ca.	9.900.000	4.000.000	19.300.000

II. Werden 14.000 Bauten zugrunde gelegt, ergibt sich

14.000 x 640 =	8.960.000	3.584.000	17.472.000
Höcker w. oben	1.120.000	448.000	2.184.000
	10.080.000	4.032.000	19.656.000
dazu wie oben rd. 35%	3.520.000	1.368.000	6.844.000
zusammen	13.600.000	5.400.000	26.500.000

Es zeigt sich bei einer zweiten Rechnung der Widerspruch mit 2 600 000 t Zement mehr und 6 500 000 t Zuschlagstoffen weniger. Die Differenz kann kaum darin liegen, daß fremde Baumaßnahmen aus den kontingentierten Zementlieferungen für den Westwall profitierten.

Allenthalben wird mit Zahlen ein Verwirrspiel getrieben. Der Eindruck kommt auf, die in Hitlers Reden wie auch in frühen Berichten der Nachkriegszeit angegebenen Zahlen über Bauausführungen und Baustoffbedarf wurden freiweg nachgedruckt. Der Auftrag an Dr. Todt lautete auf 1800 MG-Schartenstände und 10 000 Bunker. Dann werden anderswo 14 000 und 14 400, und weil sich hohe Zahlen interessanter ausmachen, sogar 22 000 als »Anlagen« und Bauvolumen serviert. Einmal ist die Rede von 53 Regeltypen, die Dr. Todt gekürzt haben soll (worüber er nicht zu bestimmen hatte), dann sind es wieder 70. Wiederum wird gesagt, Ende Juli 1939 seien 14 400 Bunker fertig gewesen und mit 2055 Flakstellungen wären in 15 Monaten 16 455 Verteidigungsstellungen gebaut worden. Hier werden also alle Arten von Bauwerkstypen mit Flakstellungen in einen Topf geworfen, denn ein Kampf- oder Unterstand ist keine Stellung. Bei der Flak umfaßte eine solche eine Reihe von Bauwerken für Führung, Unterkunft, Munition, Feuerleitung, Nachrichtendienste. Damit ist die Zahl 2055 fragwürdig. Nachdem 1945 vermutlich überall die als zuverlässig anzusehenden amtlichen Berichte und Zusammenfassungen vernichtet worden waren, ist eine genaue Angabe schwer geworden.

Zu den imposanten Zahlen, die den Lesern angeboten werden, gehören auch 60 000 Zeichnungen, die von der OT-Einsatzgruppe West in Wiesbaden geprüft worden sein sollen. Die Zahl mag stimmen, jedoch handelte es sich um die in der Pionier- und Festungspionier-Abteilung des Heereswaffenamtes (WaPrüf 5) für alle Regelbauten herausgebrachten, dann gedruckten vollständigen Sätze der Bauzeichnungen. Diese Pläne waren von erfahrenen Ingenieuren und Technikern gezeichnet und schon vor Drucklegung eingehend geprüft worden. Die OT in Wiesbaden brauchte nur nachzuzählen = prüfen, ob die Sätze dem jeweiligen Bedarf entsprechend vollzählig waren. Selbst wenn das eine oder andere Blatt den Straßenbauern nicht gefällig war, brauchten die gleichartigen nicht 100 oder 200 mal geprüft, sondern allenfalls nur gering geändert werden.

Mehr sein als scheinen, war ein Schlagwort für das kleine Heer der 100 000 Mann der Reichswehr. Als Folge der Geheimhaltungsvorschriften und Pflichten blieb nur Eingeweihten bekannt, was nach dem 1. Weltkrieg festungsbaulich im Osten und Westen des Reiches geschaffen wurde, so wie auch nur ein bestimmter Kreis im Gesamtoffizierkorps wußte, welche Aufgaben die Festungspioniere neben dem Bauen vorzubereiten und auszuführen hatten.

In der Literatur finden sich auch Worte über ein wenig erfreuliches Klima zwischen der Führung der OT und der der Festungspioniere. Die Kenntnis um das Milieu der Insp.Westbef. erlaubt einige Erläuterungen. Wie bereits gesagt, waren die Festungspioniere aus von ihnen nicht verschuldeten oder vertretbaren Ursachen nicht in der Lage, den unerwarteten Anforderungen nachzukommen. Hitler wollte davon nichts wissen. Der Generalinspektor Dr. Todt mußte glauben, mit Hurra eine Bravourleistung fertigbringen zu können. Ihm gegenüber stand mit dem Inspekteur der Westbefestigungen, GenMj. Dr. Speich, ein nicht weniger energiegeladener Offizier von gleichfalls starken organisatorischen Fähigkeiten. Ihm aber fehlte, was sein Kontrahent hatte, der volle Rückhalt bei dem ersten Mann im Staate. Nachdem die leitenden Beamten der OT erkennen mußten, daß der Bauablauf nicht im erhofften Schwung gelingen konnte, scheinen sie ihrem Chef mit Zahlen reichlich ausgeschmückte Berichte ihrem Chef gereicht zu haben, die dann Hitler vorgetragen wurden.

Am 8. August 1938 war General Speich zur Berichterstattung auf den Obersalzberg befohlen. Hier vertrat er, seiner aufrechten Mentalität entsprechend, offen seine Ansichten. Möglich ist, er wußte noch nicht zu

Genüge, wie wenig empfänglich der Führer für nicht in seinem Sinne liegende Antworten war. Der Gegenspieler Todts wurde zum Jahresende in den vorzeitigen Ruhestand versetzt, durfte aber im Kriege eine Division führen.

Hitlers Denkschrift über den Festungsbau

Die Sommernacht zum 1. Juli 1938 diente Hitler für das Diktat zur Frage unserer Festungsbauten. Was dabei zu Papier gebracht wurde, ist eine lesenswerte Zusammenfassung logischer, festungsbautaktischer und -technischer Gedanken, leider etwas weitschweifig. Laien, und dazu gehörten Offiziere und Parteileute seiner Umgebung, mußten das überragende Wissen bestaunen und bewundern. Bei dem Diktat war der Pioniermajor Fritz Claus anwesend. Als Kommandeur eines Pionierbataillons wurde er bei dem Einbruch in die Maginotlinie nahe Saaralben schwer verwundet.

1922 in die Reichswehr eingetreten, hatte er andere Anschauungen als die älteren Offiziere. Vor seiner Versetzung zur In 5/Fest im OKH verbrachte Claus etwa zweieinhalb Jahre bei der Festungskommandantur Breslau, konnte sich dort Kenntnisse und Erfahrungen in Planung und Bauausführung aneignen. Dieser gedankenreiche Offizier war die Seele für das Ausarbeiten neuer, verbesserter und weiterschauender Grundsatzplanungen. Als Leiter des Referates IV organisierte er das Ausarbeiten und Zusammenstellen der grundlegenden Vorschriften für den Bau ständiger Befestigungen, der BstB. Hitler — mit einem guten Gedächtnis und Gefühl für technische Dinge bedacht — befahl den späteren Oberst regelmäßig zum Vortrag, bekam damit tiefen Einblick in die BstB, und konnte in seinem Diktat wiederholen, was dort gesagt worden war.

Vor der Herausgabe der Denkschrift hätte die Überarbeitung mit Ausmerzen von Wiederholungen taktischer und technischer Belange zu einer übersichtlicheren Dokumentation des diktierten Selbstgesprächs beigetragen. Sie war nicht nur an die zuständigen Stellen des Heeres, sondern auch an die der Luftwaffe und Marine gerichtet. Als dieses Papier bei der besonders betroffenen InspWestbef. eintraf, wurde es mit großem Interesse studiert und eingehend besprochen, mit dem Ergebnis: im Westen nichts Neues, also z.d.A. Die an Planung und Bauausführung Be-

Schleuse Guschienen zum Niedersee mit festungsmäßigem Gittertor in der Ortelsburger Waldstellung (Ostpreußen).

Stauwehr in der Pillow, Pommernstellung zwischen Neustettin und
Deutsch Krone.

Landschaft in der Pommernstellung bei Tütz, Kr. Dt. Krone.

Ausblick aus einem Unterstand der Pommernstellung am Bahren-
ortsee nördlich Kreuz.

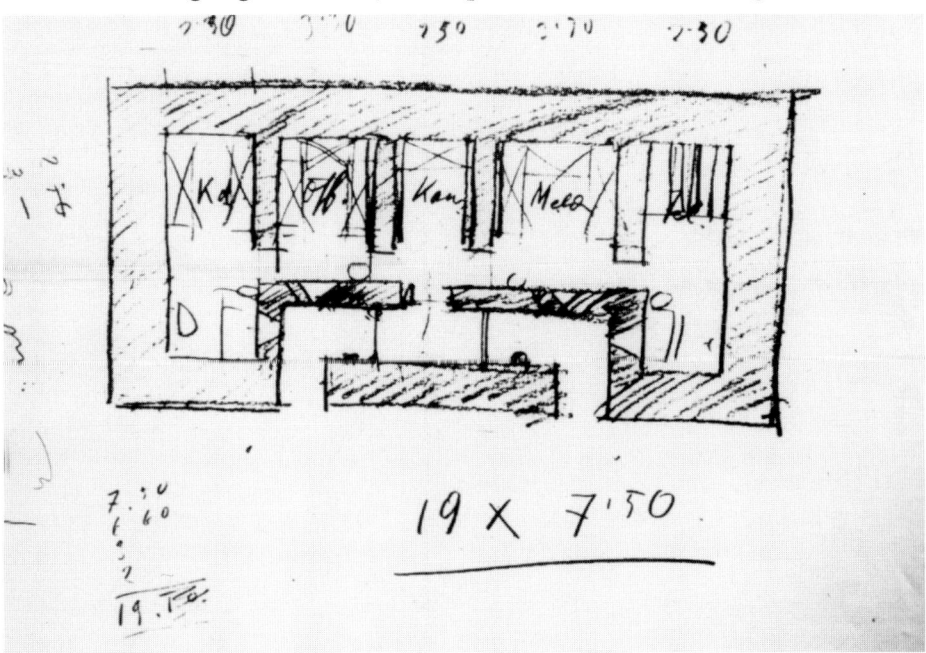

Der Führer am Oberrhein, Sommer 1938. Hinter Hitler Oberst Eckstein, Kommandeur Fest.Inspektion VII.

Skizze Hitlers für einen Mehrzweckunterstand. Dem Inspekteur der Westbefestigungen, GenMj. Dr. Speich am 8.8.1938 übergeben.

Laufgraben zwischen dem Isteiner Klotz und dem Rhein mit MG-6-Schartenturm.

Von den Franzosen im Juni 1940 gesprengte Straße Colmar-Remiremont (Schluchtpaß) wurde von Baupionieren überbrückt.

Begrüßung der Militärattachées durch GenMj. Eckstein in Breisach am 10.7.1940.

Decke eines Artilleriewerkes mit 4 Haubitz-Versenkpanzern in der Feste Kaiserin der Festung Metz (1940).

Hofseite des Werkes wie vor.

Erkundungsstab Genltn. Schmetzer bei Überfahrt nach Guernsey am 5.7.1941. Teilnehmer Genltn. Schmetzer, Oberstltn. Berwig, Major Bechtold, Techn. Oberinsp. Molt.

Panzerturm eines französischen Kampfwagens auf Betonsockel, bei Les Sables d'Olonne, 1943.

Baustelle eines FestPiSt., Aushub der Baugrube in Handarbeit, 1943.

Versuchsbau für den um 360° drehbaren Geschützstand aus Stahlbeton, Ende 1943. Oberst Dorn und T. Amtm. Molt von InspLbWest und Min.Rat Speth von WaPrüf 5.

MG-6-Schartenturm nahe Ornemündung.

4,7 cm-Pakstand nahe Ornemündung, 3.8.1944.

Batterie Merville nahe Ornemündung, Geschützscharte für 7,5 cm Feldkanone, 3.8.1944.

Vorbereitung für das Betonieren eines Bunkers, 1943.

Baustelle eines MG-3-Schartenturms im U-Stützpunkt Ia Pallice (Lorient), 1943.

Betonbunker im Bau. Innenschalung, Stahlgeflecht, Lüftungsrohre, 1943.

U-Stützpunkt La Pallice (Lorient) heute, (Aufnahme 1984).

21 cm Batterie Marcouf. Am 8.5.1944 wurde das 1. Geschütz justiert.

17 cm-Marinebatterie auf dem Mt. Houlgate. Rückseite eines Geschützstandes mit Bombentrichter, 4.8.1944.

Wie vor, zerschossene Scharte mit zerstörtem Geschütz.

GenMj. Dr. Speich, Inspekteur
der Westbefestigungen 1937-39.

Genltn. Schmetzer, Inspekteur der Landesbefestigung
West 1940-44.

Genltn. Eberle, wie
vor 1944-45.

Stab OKH/In Fest 1934
Sitzend von links: Major Lüdecke, Oberst Dr.R. Speich (Chef d. Stabes), Min. Amtmann Bresse, Oberst Förster (Inspekteur), Rechn.Rat Schwenzer, Major Medem, Min.Rat v.d. Heyden, Oberst a.D. Biermann, Major Jordan

Stehend von links: Techn. Insp. Remke, Techn. Insp. Just, Vers. Anwärter Wiese, Hauptmann Knesch, Frl. Weitzel, Major a.D. Liere, Techn. Insp. Kurth, Frl. v. Broesigke, Major Krug, Reg. O.Insp. Eisenschmidt, Frl. Winter, Min. Amtmann Seidel, Oberltn. Stock, Oberstltn. a.D. Hellwig, Techn. O.Insp. Otto, Reg.Insp. Ziemann, Techn. Insp. Engmann, Techn. O. Insp. Faas, Antsgehilfe Bünger, Kraftfahrer Richter.

Stäbe Höherer Pionieroffiziere der Landesbesfestigung West/General der Pioniere bei HGruKdo C und Festungsnachschubstab 2, Januar 1940. Sitzend von links: Major z.V. Menke (2), Oberst Rothe (1), Gen. Major Schimpf (1), Gen. Major Dennerlein (1), Gen. Ltn. Müller (**), Oberst Kubitza (2), Oberst Mirow (**), O.Landwirtschaftsrat Dr. Rothe (2)

1. Reihe stehend von links: Hauptmann Deutscher (1), Oberstltn. a.D. Hintze (2), Oberst a.D. Siebel (2), Ltn. z.V. Emmerich (2), Oberstltn. Sonne (1), Major Schako (2), Oberbaurat (SS-Obersturmbannführer) Henne OT (**), Oberstltn. Dronke (2), Oberstltn. Schwengberg (3), Oberstltn. Triepke (2), Oberstltn. Bernhardt (*), OLtn Staad (2), Techn. Insp. d. R. Sattler (*)

2. Reihe stehend: Hauptmann Lehmann (3), Techn. Amtmann Werner (2), Hauptmann (Ing.) Schieck (*), Techn. O.Insp. Molt (1), Hauptmann (Ing) Dr. Baumgärtner (1), O.Zahlmeister Michelsen (2)

3. Reihe stehend: Ltn. a.D. Pelzer, Hauptmann d.R.Dr.Ing. Wiedemann (1), Hauptmann (Ing) Vieser (1), Verw. Sektretär Müllei (2), Revierförster . . . (2), Techn. O. Insp. Just (2), Techn. Insp. Sander (3), O.Zahlmeister Heibutzki (2)

(1) = H.Pi.Offz.Lb.West/Gen.d.Pi.HGruKdo C, (2) = Fest.Nachschubstab 2, (3) = Nachrichtenoffz. u. Beamte, (*) = Verb.Offz.OKH zu OT, (**) = Gäste

Ruhiger Tag für die Besatzung eines Stützpunktes, ca. zehn km ostwärts der Ornemündung am 3.8.1944.

Gräber von Gefallenen in Vigo/Skagerrakküste.

teiligten gaben sich freilich Mühe, den Anregungen zu entsprechen, sofern überhaupt notwendig. Höhere Parteidienststellen im Westen, ebenfalls im Besitz der Denkschrift, fühlten sich angeregt, ihrem Hitler zuliebe, mit Skizzen und Entwürfen von Bunkern aufzuwarten, die als nicht brauchbar abgelegt wurden. Hitlers Entwurfsskizzen konnten zum Teil bei neuen Regelbauten ihren Niederschlag finden, die daraus vermehrte Zahl an Regelbauten war für den Baufortschritt allerdings ungünstig. Weniger Formen hätten auch der OT geholfen, das Ausbauziel eher zu erreichen.

Bauausführungen im Westwall

Anstelle der in der ersten Nachkriegszeit aus Kostengründen häufiger gebauten Unterstände für eine Gruppe, traten jetzt die rationelleren Doppelgruppenunterstände in den Vordergrund. Sie hatten auf der rückwärtigen, der Hofseite, zwei durch Panzertüren abzuschließende Eingänge, hinter denen Treppen zum Flur mit der Gasschleuse, aus dieser zwei Türen zu den Unterkunftsräumen führten. Jeder Treppe gegenüber war in der Innenwand ein Durchbruch für eine kleine Scharte zur Verteidigung mit Handfeuerwaffen. Die Mehrzahl dieser Unterstände bekam auf der Rückseite einen mit der Bauwerksdecke bündigen, offenen Postenstand. Bei den MG-Schartenständen kamen nur solche zur Ausführung, die den Bereitschaftsraum für die Bedienung neben dem Kampfraum hatten. Zur Kostenersparnis oder wenn der Verlauf der HKL dies erforderte, ergaben sich MG-Doppelschartenstände mit zwei nebeneinanderliegenden Kampfräumen, somit ein Schußfeld von $2 \times 65 = 130°$. Insbesondere bei völlig flachem Gelände konnte der Aufzug eines MG-Standes durch den Einbau der mit den Frontplatten zu verschraubenden Deckenplatten um etwa 90% verringert werden.
Für Maschinengewehre kamen um 1936 die ersten Panzertürme zu den Baustellen. Sie waren anfänglich für sechs, später auch für vier oder drei Schießscharten ausgerüstet. Ihr Angebot erlaubte statt einzelner Stände wie bei denen mit Platten, alsbald den Entwurf kleinerer, dann größerer Stände, den B-Werken, im Zusammenbau mit einem weiteren Panzerturm für MG, für Beobachter, Maschinen-Granat-, schließlich Flammen-

65

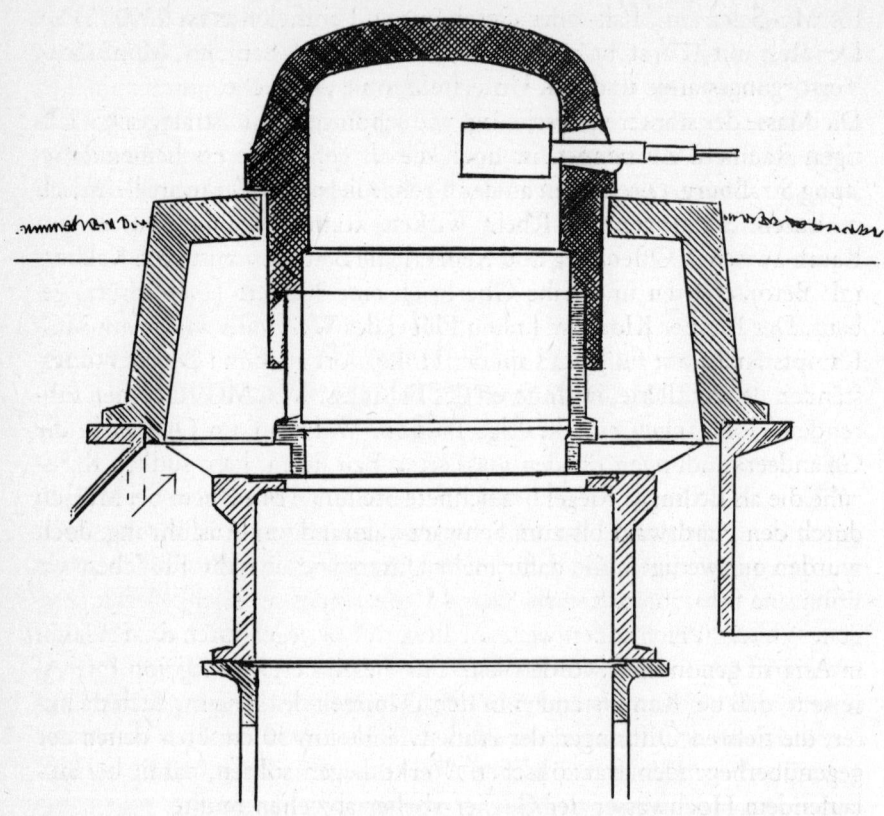

werfer, deren Eingänge oder Flanken je nach Bedarf Kampfräume mit
MG-Scharten erhielten. Solche Werke bedurften wegen der maschinellen Einrichtungen der zweigeschossigen Bauweise. Angestrebt waren
Entwürfe mit klarer Raumgestaltung. Die Artillerie mußte sich wegen
der noch nicht verfügbaren Geschützpanzertürme oder entsprechender
Kasematten, mit offenen Betonscharten und vorbereiteten Feuerstellungen zufriedengeben.

Den Gefechts-Führungständen für Infanterie und Artillerie, auch den Sa-
nitätsräumen, lagen die gleichen Entwurfsmerkmale wie bei den Mann-
schaftsunterständen zu Grunde, wo nötig, konnten angehängte Wacht-
räume der Eingangsverteidigung dienen. Über die Inneneinrichtungen
und andere Einzelheiten geben die vorne beschriebenen Teile der BstB
etwas Auskunft.

Die Masse der Bauwerke mit 5800 Unterständen (60%) war für Infanterie und Artillerie bestimmt. Auf Kampfanlagen jeder Art, vom B-Werk bis MG-Scharten-, Pak- oder Geschützstand entfielen etwa 2300 (23%). Der Rest mit 17% steht für Beobachter, Gefechts-, Sanitäts-, Munitions-, Versorgungsstände und Pak-Unterstellräume zu Buche.

Die Masse der stärkeren Werke lag, wie schon gesagt, in strategisch wichtigen Räumen. Zu nennen ist noch die als gefährlich erscheinende Festung Straßburg, deren dicht an der Grenze liegende Werke artilleristisch in unsere Stellungen am Rhein wirken konnten. Somit wurden im Raum zwischen Offenburg und Kehl etliche Batterien mittleren Kalibers mit Betonscharten und nahe Oberkirch eine 30,5 cm (1 Geschütz) gebaut. Der Isteiner Klotz am linken Flügel des Westwalls wurde mit MG-Kampfständen am Fuße und auf der Höhe, dort auch mit Beobachtungsständen der Artillerie, im Inneren des Felsmassivs zu MG-Kavernen führenden Hohlgängen eine kräftige Bastion. Während am Oberrhein die Geländeerkundungen für den massierten Bau liefen, kam südlich Karlsruhe die als Ettlinger Riegel bezeichnete Stellung vom Rhein bei Mörsch durch den Hardtwald bis zum Schwarzwaldrand zur Ausführung, doch wurden nur wenige MG-, dafür mehr Unterstände erstellt. Flüßchen wie Pfinz und Salbach durften als Kampfwagenhindernisse hergerichtet werden. Weiter südlich sollen weitere solcher Querriegel durch das Rheintal in Angriff genommen worden sein. Für diesen Bereich mag von Interesse sein, daß bei Kampfständen in den Dämmen des Rheins, auch dahinter, die tiefsten Öffnungen der Außenwände um 30 cm über denen der gegenüberliegenden französischen Werke liegen sollten, damit bei auflaufendem Hochwasser der Gegner vorher abziehen mußte.

Bei Kriegsbeginn fehlten an vielen MG-Ständen die vorgesehenen Schartenplatten. Diese Bauten wurden soweit fertiggestellt, daß nachträglich verkleinert zugeschnittene Panzerplatten, von außen eingefügt nach innen verschraubt werden konnten. Vielerorts fertigte sich die eingerückte Truppe in den Eingangshöfen Holzlauben, schuf sich Tagesräume mit Herden und Öfen. Wegen der Feuergefahr bei Beschuß wurde deren Beseitigung befohlen.

An der gesamten Ausbaufront leistete der RAD fleißige und wertvolle Arbeit mit dem Bau von Hindernissen, Verbindungsgräben, und was sonst noch verlangt wurde.

Mit der Mobilmachung Ende August 1939 nahm der Personalstand Bauunternehmungen der OT-Bauleitungen, auch der FestPi.Dienststellen als Folge der Einberufungen zur Truppe oder anderen Gestellungsbefehlen stark ab. Nur wenige ergänzende Bauwerke durften noch begonnen werden, dafür waren alle anderen restlos kampfbereit zu machen. Verschwinden mußten endlich die Halden mit Erdaushub, Kieslager, Depotschuppen. Das gesamte Baugelände war zu bereinigen und so einzuebnen, daß tote Punkte beseitigt, Schuß- und Beobachtungsfeld, kurz gesagt die Sturmfreiheit, geschaffen wurde. Derartige Arbeiten hatten Bauleiter der OT beiseite geschoben, um schneller mit den Betonbauten voranzukommen, sehr zum Ärger der FestPiSt. und besonders der einrückenden Truppe.

Trotz gewisser unerfreulicher, der Sache wenig dienlicher Begebenheiten ist anzuerkennen und zu bewundern, was die am Westwallbau Beteiligten, ob vom Heer, von der OT, dem RAD, der Reichsbahn und seitens der Bauunternehmer jeder Art in so kurzer Zeit geleistet hatten. Jeder irgendwie Verantwortliche in Planung und Organisation, in Entwurf und Ausführung, in Nachschub und Verwaltung, ob hoch oder niedrig stehend, alle waren gefordert. Geregelte Arbeitszeiten gab es nicht, Überstunden und Nachtarbeit auf den Baustellen oder Büros, waren selbstverständliche Regel. Mit dem Westwall-Ehrenzeichen, im Volksmund Lehmorden genannt, bekamen alle Mitstreiter vom General bis zum letzten Arbeiter eine Erinnerungsmedaille, die bei Ordensspangen allerdings an letzter Stelle stand.

Die Bauwirtschaft florierte prächtig, verdiente mächtig, etliche Bau- und Fuhrunternehmer wollten durch Betrug noch mehr bekommen. Die Kriminalpolizei kam ihnen auf die Schliche und sorgte für Abhilfe und Bestrafung.

Der 2. Weltkrieg

Mit der überraschenden Mobilmachung am 26. August 1939 traten Änderungen in der Gliederung der Festungspioniere ein. Der Stab des Höheren Pionieroffiziers der Landesbefestigung West (zuvor InspWestbef.) wurde aufgelöst. Zurück blieb die Abteilung IV, um den Nachschubstab 2 zu bilden. Offiziere, FestPi-Beamte und technische Angestellte kamen ihren Mobilmachungsbeorderungen bei Armee-Pionierführern nach. Bis zum Juni 1940 leitete der General der Pioniere bei der Heeresgruppe 2 mit geringem Personal die Geschäfte des Schlußausbaues am Westwall. Im Juli 1940 stellte das OKH/In Fest für alle festungsbaulichen Maßnahmen den Inspekteur der Landesbefestigung West in Metz auf, der ein Jahr danach nach Paris verlegt wurde. Der Verfasser gehörte dazu bzw. war dabei. Inspekteur wurde der als FestPiKeur V am Westwall erfahrene Genltn. Schmetzer, der ab 1942 mit Oberst Dorn einen Chef des Stabes zur Unterstützung bekam.

Dieses eine Jahr in Metz war gegenüber der turbulenten Vorkriegszeit fast eine Ruheperiode. Damals wurden hauptsächlich die vielen Werkgruppen der Maginotlinie eingehend erkundet und darüber nach oben berichtet. Führungen einer Unzahl von Interessenten aus der Wehrmacht, der Partei, der Presse u.s.f. waren zu übernehmen. Mit allen 1940 in Berlin noch akkreditierten Militärattachés aus 24 Nationen führte eine mehrtägige Bereisung der Maginotlinie von Breisach, dem linken Rheinufer entlang nach Straßburg, über Hagenau und das Werk Hochwald nach Metz, über Verdun nach Reims, um in Paris zu enden. Interessant war das unterschiedliche Verhalten dieser Offiziere, die Japaner wollten ebenso wie die sonst zugeknöpften Sowjets alles ganz genau wissen.

Die Maginotlinie betreuten Festungsbau-Bataillone, die zuvor beim Vormarsch wie auch Gruppen der OT Straßen und Brücken instandsetzten oder neu bauten. Um 1941 rückten sie mit den FestPiSt. zur Atlantikküste vor. Jedes dieser Bataillone unterstand einer FestPi-Abschnittgruppe, hatte vier Kompanien, wovon die 4. als technische und Parkkompanie funktionierte. Diese an leichten Infanteriewaffen ausgebildete Truppe leitete und beaufsichtigte von anderer Seite auszuführende Bauarbeiten und übernahm besondere festungsbautechnische Aufgaben.

Dem Auftrag des OKW/OKH festzustellen, ob und in welcher Form die französischen Befestigungen umgepolt, sozusagen als vorgeschobener Westwall, verwendet werden könnten, galten Untersuchungen und Entwürfe. Weil zu aufwendig und teuer, erschien das Umkehren der Maginotlinie, selbst der nach 1871 gebauten deutschen Festungen in Elsaß-Lothringen nicht angebracht, vermutlich hätte Hitler solchem Vorschlag nicht zugestimmt.

Das leitende Personal der OT wurde bei Kriegsbeginn als Sonderführer des Heeres übernommen, trug feldgraue Uniform mit Abzeichen der nicht an der Waffe ausgebildeten Offiziersränge. Dies waren geflochtene, versilberte Schnüre aus zwei Litzen, über die für den Rang des Oberleutnants ein, des Hauptmanns zwei Aufschieblinge kamen. Der Landserjargon hatte dafür den Ausdruck Schmalspuroffizier. Das OT-Führungspersonal bekam dann bald eine eigene Uniform.

Bauarbeiten von Heer, Marine und Luftwaffe vom Kanal bis zur Biskaya

Gleich nach Beendigung des Westfeldzuges Ende Juni 1940 wurde begonnen, zur Unterstützung des Landeunternehmens Seelöwe, für eine große Anzahl von Marine-Küstenbatterien die Fundamente zu betonieren. Der Schwerpunkt lag zwischen Calais und Boulogne s.M. Die Luftwaffe baute vorhandene Flugplätze aus, sorgte für Bauten zur Flugabwehr, legte feste Nachrichtenanlagen entlang der Küste an.

Die Marine begann mit Hochdruck an der Planung für die U-Boot-Stützpunkte Brest, Lorient, St. Nazaire, La Rochelle (La Pallice), etwas später Bordeaux folgend zu arbeiten. Solche Bauausführungen wurden der OT übertragen.

An der gesamten Küstenfront wurde ein durchgehender Schutz aus den dort liegenden Heeresdivisionen mit Küstenbatterien, Flak, Aufklärungs- und Überwachungsverbänden der Marine und Luftwaffe ausgebaut, um etwaige englische Kommandounternehmungen zu unterbinden. Bei diesen Maßnahmen verblieb es zunächst hinsichtlich fester Bauwerke für das Heer, dessen Divisionen mit eigenen Kräften und Mitteln, unter Leitung der Feld- und Festungspioniere Unterstände und Unterschlupfe für die Truppe, Führung und Beobachter nach der Feldbefestigungsvorschrift, also in rein feldmäßiger Bauweise, zuweilen auch leicht betoniert, bauten.

Die Marine hatte rasch ein festes, von Hitler genehmigtes Bauprogramm für ihre schweren und schwersten Batterien mit allen dazugehörenden Teilen, auch für unterirdische Munitionslager und Werkstätten bereit. Sie setzte dafür unter der fachlichen Leitung des Marine-Oberfestungsbaustabes ihre zwei Marine Festungspionierstäbe und Heeres-Baubataillone ein. Auch die Luftwaffe plante nach den Richtlinien der In Fest im OKH ihre Flakbatterien mit Peil- und Nachrichtenstände schon in schwerer Art mit ihrer eigenen Bauorganisation. Seitens des Heeres geschah festungsbaulich ein Jahr lang noch kaum etwas.

Die britischen Kanalinseln

Hitler befahl im Frühsommer 1941, die britischen Kanalinseln in aller Beschleunigung unter vollstem Einsatz, mit weitreichenden Geschützen zur stärksten Seefestung auszubauen. Die Bucht von St. Malo sollte damit gesperrt werden. Mit dieser Aufgabe wurde im Juni 1941 der InspLbWest betraut. Ein schriftlicher Befehl folgte nie, vielleicht wollte im OKW niemand den im Generalstab unsinnig erscheinenden Befehl unterschreiben. Zugleich kam die Unterstellung des InspLbWest unter OB West, GFM v. Witzleben, für den Ausbau der gesamten Küste. Der InspLbWest erkundete selbst mit kleinem Stab (Genlt. Schmetzer, Oberstltn. Berwig, Mj. Bechtholt und der Verfasser) die drei Inseln Jersey, Guernsey und Alderney. Alsbald wurden auf die zwei größeren Inseln je ein FestPiSt. mit zugehörigem Baubataillon, auf Alderney nur eine FestPi. Abschnittsgruppe verlegt. Überraschend schnell genehmigte das OKW die taktisch-technischen Planungen für den Ausbau festungsmäßiger Art. Die Marine bestimmte die Lage ihrer Batterien selbst. Die

Geländeverhältnisse sind auf den Inseln recht unterschiedlich, reichen von bis zu 80 m hohen, aus Granit bestehenden Steilhängen, bis zu flachen, sandigen Stränden.

Die Bauarbeiten begannen mit feldmäßigen Anlagen. Sobald die angeforderten Baustoffe eintrafen, ging es an die Betonbauten. Die bis zum Waffenstillstand auf den Inseln verbliebene 319.Inf.Div. übernahm dann den feldmäßigen Gesamtausbau, verlegte Landminen und Flammenwerfer mit dem eigenen Pionierbataillon.

Der gesamte Nachschub für Division und Festungspioniere lief über die Umschlagstelle Nachschuboffizier In West im Fischereihafen Granville. Verfügbar waren fünf französische Frachter bis 4000 BRT, ein deutscher Küstenmotorsegler und acht Frachtkähne bis 1200 BRT. In Granville wurden 22 000 t, in St. Malo 12 000 t Baustoffe umgeschlagen. Der Verfasser leitete die Dienststelle für drei Monate. Dieser Platz reichte mit seinen Verladeeinrichtungen nicht aus, um die in zu kurzer Folge anrollenden Baustoffzüge, zuerst für die Feldbefestigungen, dann mit Stahl und Zement, auch Holz für den schweren Ausbau umzuschlagen. Der größere Hafen von St. Malo wurde schon deshalb herangezogen, weil dort auch MG-Schartenplatten umgeladen werden konnten. Darüber hinaus bestanden dort doppelt so lange Öffnungszeiten für die Seeschleusen. Alderney wurde über Cherbourg mit Baustoffen versorgt. Um der übermäßigen Zufuhr von Baustoffen Herr zu werden, stellte die Kriegsmarine neben Frachtschiffen Kähne vom Rhein und aus Frankreich zur Verfügung, die nach dem Abblasen des Unternehmens Seelöwe unbenützt lagen. Sie konnten wegen der Strömungsverhältnisse nur bedingt eingesetzt werden.

Die OT trat für diesen Einsatz erst im Winter 1941/42 auf den Plan, um nach Einweisung durch die FestPiSt. den schweren festungsmäßigen Ausbau vor allem mit den Batterien der Marine zu beginnen. Es folgten die Bauten, die der Inseldivision Schutz gegen schweren Beschuß bieten mußten. Mit dem Bau von Felshohlbauten begann eine Gesteinsbohrkompanie bereits im September 1941. Als gedachte Gürtelfestung im alten Sinne waren die Truppen in Sicherheitsbesatzungen, Bereitschaften und Reserven gegliedert.

Die vordringliche Aufgabe des Ausbaues lautete:

a) Landeabwehr an den Flachküsten
b) Einbau der Küstenbatterien
c) Felshohlgangbauten
d) Ausbau des Nachrichtennetzes.

Dem Anliegen des Divisionskommandeurs als Festungskommandanten, die Munitions- und Gerätelager völlig in Hohlbauten unterzubringen, konnte nicht voll entsprochen werden. Dem Führer war der Ausbau dieser Inseln so wichtig, daß ihm bis zur Invasion Monat für Monat der sogenannte Führeratlas durch Offizierkuriere ins HQu nach Ostpreußen gebracht werden mußte.

Insgesamt waren auf den drei Inseln 10 Heeres- und 7 Marinebatterien vom Kaliber 15-30,5 cm geplant und zum Teil fertig gebaut worden. Die 30,5 cm Batterie Mirus erforderte allein 30 000 cbm Beton. Weiterhin sollten 19 Flakbatterien des Kalibers 8,8 cm bereitstehen. Die Marine wollte 22 Peilleitstellen in Türmen bis 18 m Höhe bauen, von denen nur acht fertig wurden.

Wenn auch der übertrieben starke Ausbau mit Recht gerügt werden kann, umsonst mochte er nicht gewesen sein, weil anzunehmen ist, daß die Engländer bei schwacher Besetzung und damit geringem Widerstand dort nach Eroberung einer der Inseln ein Hornissennest einrichten konnten, um mit der Luftwaffe weit ins Binnenland zu wirken, zudem für die Marine Stützpunkte vorgefunden hätten.

Die 2. Ausbauphase für das Heer

Der OB West schlug auf Anregung seines Generals der Pioniere dem OKH/OKW im September 1941 den verstärkten Ausbau auch für die Verbände des Heeres an der Kanal- und Atlantikküste vor. Bis zum Befehl hierfür verging ein Vierteljahr. In der Zwischenzeit handelten der Gen.d.Pi. beim OB West und der InspLbWest selbständig, verlangten von den Divisionen Angaben, welche feldmäßigen Anlagen durch festungsmäßige zu ersetzen wären. Für diesen Zweck waren die Regelbautypen der Stärken B1 mit 2,00 m für MG- und Unterstände angeboten worden, wobei nicht überall mit Panzerplatten und -türmen gerechnet werden könne.

Der Infanterie gefiel das bei Schartenständen übliche Schußfeld mit 65° nicht, gewünscht wurden solche für 180°, wie sie die Marine für ihre Meßstände hatte, selbst ein Ringsumschußfeld für MG-Stände war gefordert. Solchem Ersuchen konnte nicht nachgekommen werden, zumal ein Bauwerk für diesen Zweck mit einer auf dem Mittelpfosten liegenden 40 cm dicken Betondecke aus Hoyerbalken erstellt, alsbald nach einem Bombenangriff umkippte. Der Entwurf stammte von einem fachfremden Architekten. Die Heeresartillerie bekam vorläufig betonierte offene Feuerstellungen.

Der Befehl des OKW mit Ergänzungen des OKH und der InFest traf Mitte Dezember 1941 beim OB West ein. Nun mußte mit der verschenkten Zeit von einem Jahr, als die Voraussetzungen für den Bau noch günstiger waren, die Küste mit allen verfügbaren Kräften und vollem Einsatz der OT auch für das Heer, ausgebaut werden.

Die Küste sollte die HKL bilden, dahinter stützpunktartiger Ausbau mit Rundumverteidigung. Als Endziel des Ausbaues war befohlen, für Waffen und Munition der gesamten Küstenbefestigungen so starke Deckungen zu schaffen, daß die volle Kampfkraft auch nach schwersten und langanhaltenden Bomben- und Artillerieangriffen erhalten bliebe.

Als Einsatzstärke galt die Besatzungsstärke um 1941/42. Der OB West sah die großen und leistungsfähigen Seehäfen für eine Landung als besonders gefährdet an, führte dafür den Begriff der Verteidigungsbereiche ein. Als solche wurden in dringlicher Reihenfolge die U-Boot-Stützpunkte, dann die englandnahen Häfen Boulogne, Calais, Dünkirchen, Cherbourg, Le Havre, Vlissingen und Hoek van Holland angegeben.

Im Ausbaubefehl des OKW wurde die Gesamtleitung dem OB West übertragen, jedoch unterstanden ihm die am Ausbau beteiligten bzw. eingesetzten Verbände der Marine und Luftwaffe nicht, noch weniger die OT. Sie alle sollten mit den Kommandostäben und einschlägigen Dienststellen des Heeres aufs engste zusammenarbeiten. Befohlen war, die Stäbe der drei Wehrmachtsteile sollten Erkundungen und Planung durchführen, dann die vollständigen Bauaufträge der OT rechtzeitig übergeben. Die geringste Ausbaustärke war mit B1 angeordnet. Weitere technische Einzelheiten bestimmte der General der Pioniere und Festungen im OKW. Technische Nachträge, die sich aus der jeweiligen Örtlichkeit ergaben und den Baustoffbedarf bearbeitete die OT. Sie erhielt völlige Freiheit in Ablauf und Durchführung der von den Kommandostäben geforderten Bauwerke. Die Bauarbeiten auf den Kanalinseln durften durch den Küstenausbau weder gekürzt noch verlangsamt werden.

Die Festungspioniere bekamen Verstärkungen. Die Marine behielt für ihre Batterien Erkundung, Planung, Entwurfsbearbeitung und Aufsicht, soweit ihre eigenen Fest.Pi.Stäbe nicht ausreichten, wurde die OT beauf-

MG-Schartenstand R 630, rd. 290 x

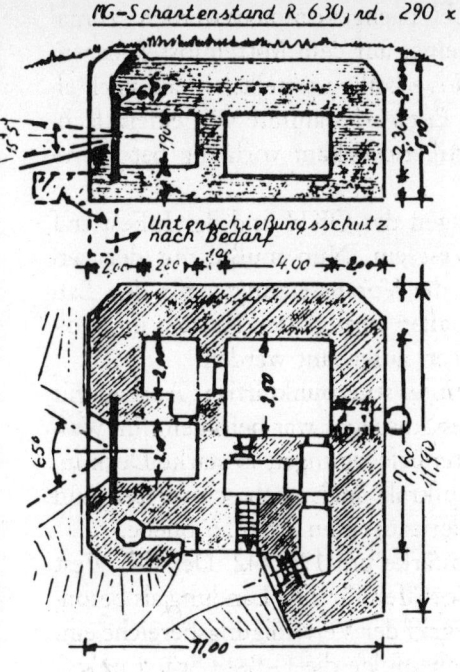

Unterschießungsschutz
nach Bedarf

Beispiel für MG-Doppelscharten-St.
mit Beobachtung durch Sehrohr

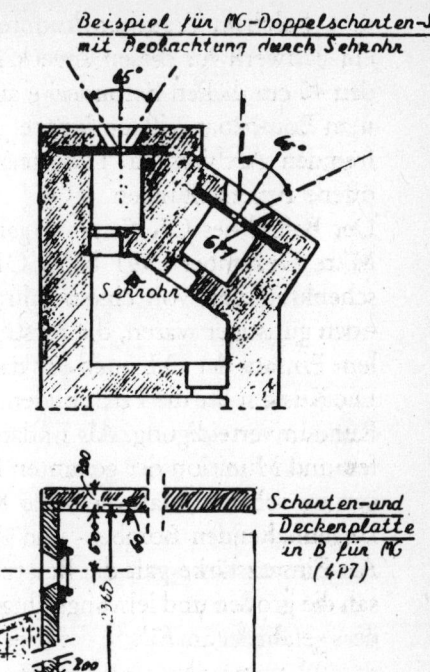

Sehrohr

Scharten-und
Deckenplatte
in B für MG
(4P7)

Flankierender Schartenstand für
Lande-und Sturmabwehrgeschütze R 612
(offene Scharte, ohne Unterkunft)
rd. 900 x

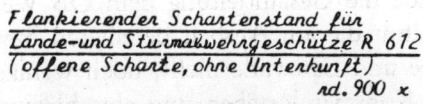

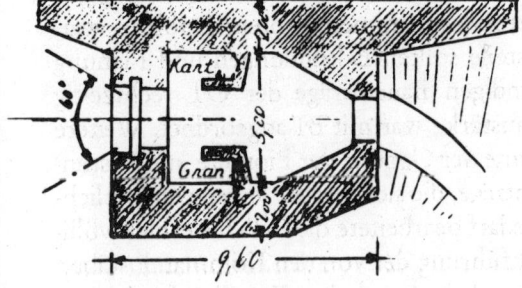

Kart.

Gran.

Kleinst-Schartenstand für
5 cm KwK, R 667
rd. 400 x

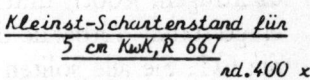

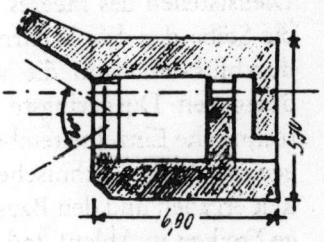

Schnitt

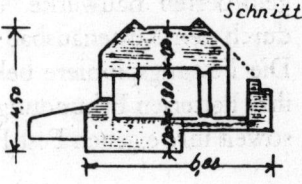

Bauausführungen am Atlantikwall

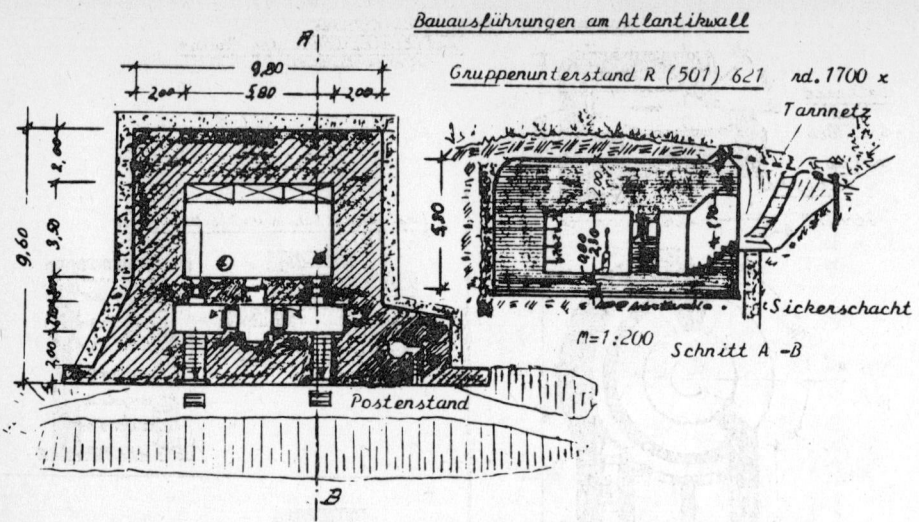

Gruppenunterstand R (501) 621 rd. 1700 x

Tarnnetz

Sickerschacht

M=1:200   Schnitt A-B

Postenstand

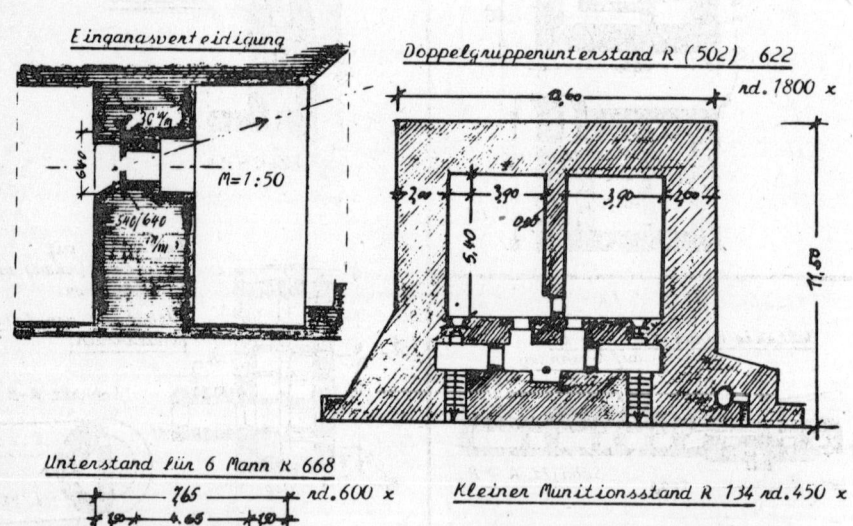

Eingangsverteidigung

M=1:50

Doppelgruppenunterstand R (502) 622

rd. 1800 x

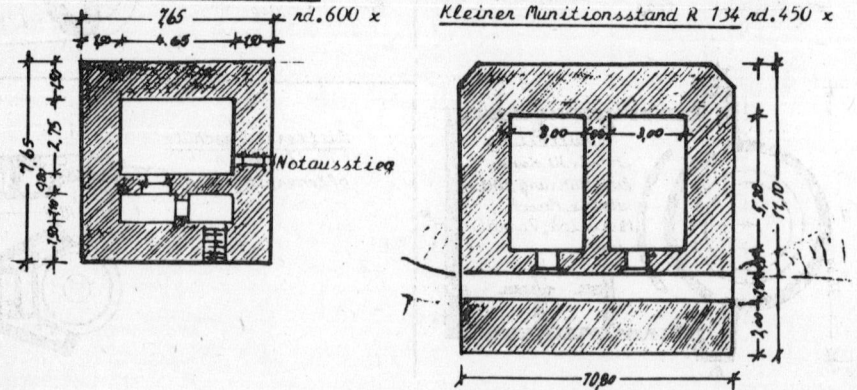

Unterstand für 6 Mann K 668   rd. 600 x

Notausstieg

Kleiner Munitionsstand R 134 rd. 450 x

Batterie
Todt
4 x 38cm

am Cap
Gris Nez

Schnitt A-B   28,70

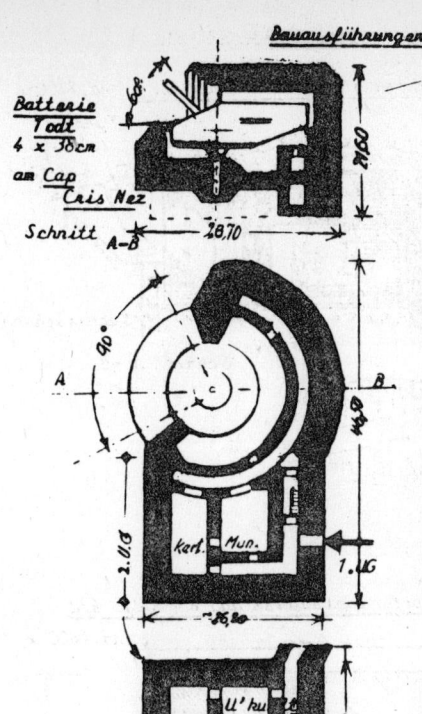
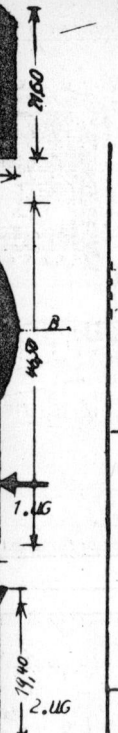

Kart.   Mun.

1.UG

U'ku
usw

2.UG

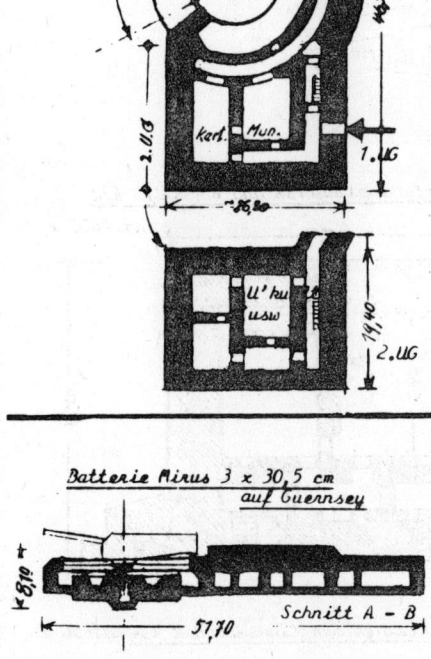

Leitstand für m. und s. Batterien

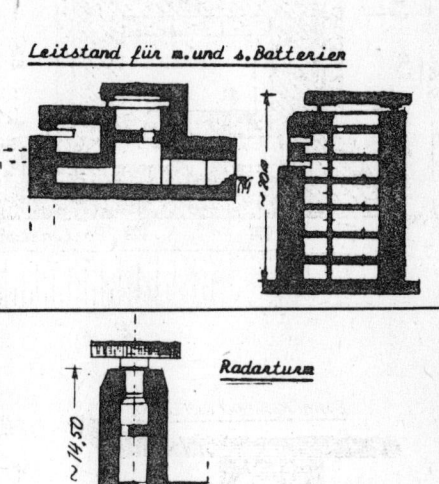

Radarturm

Batterie Mirus 3 x 30,5 cm
auf Guernsey

Schnitt A - B   57,70

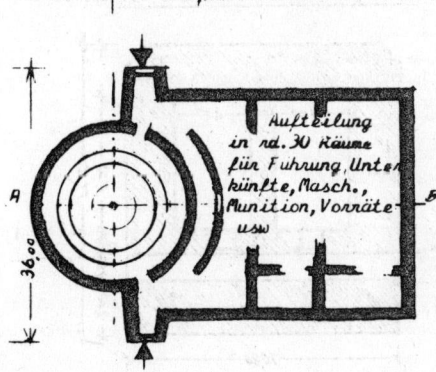

Aufteilung
in rd. 30 Räume
für Führung, Unter-
künfte, Masch.,
Munition, Vorräte
usw

Leitstand mit
Meßstelle (oben) und
6 Peilräumen.

Erbaut auf den brit.
Kanalinseln.

Schnitt A-B

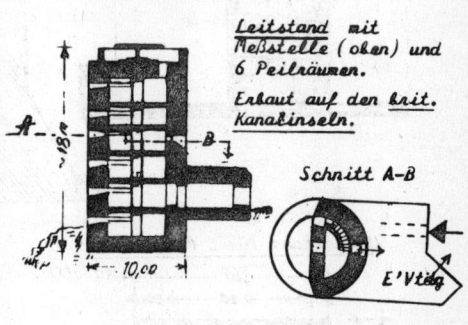

E'Vtlg

Mittleres Geschütz
(15-17 cm) in
offener Stellung

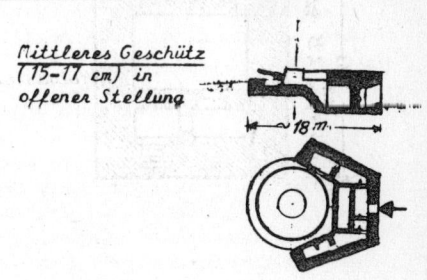

18 m

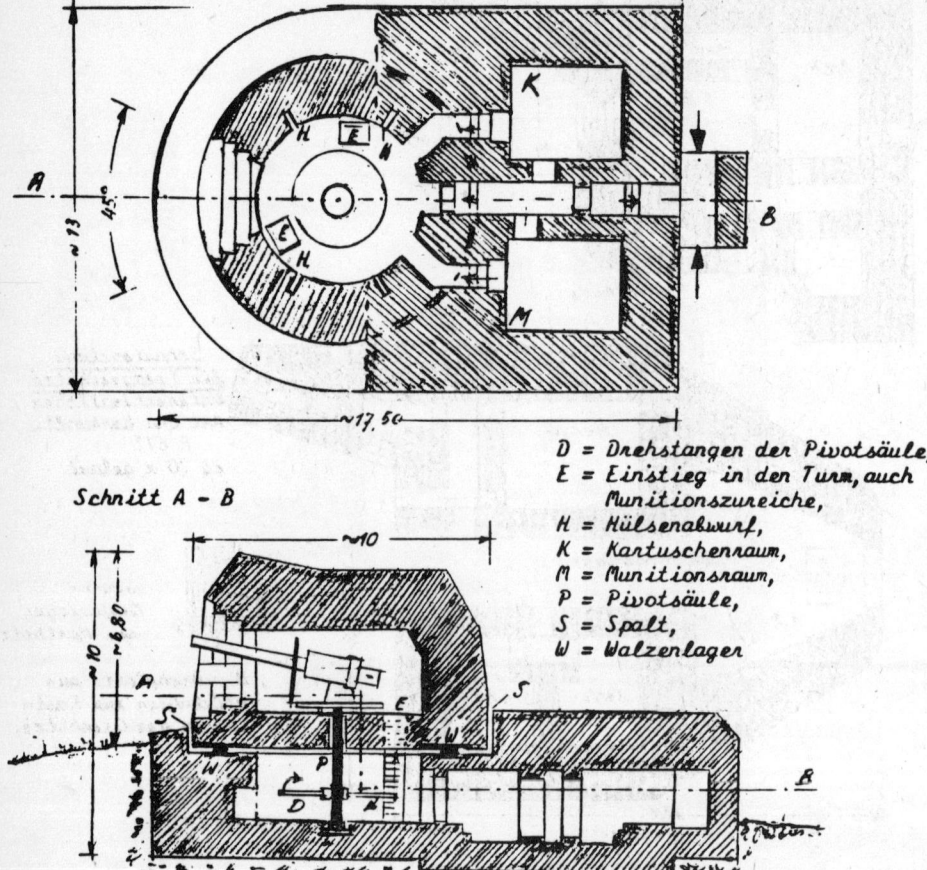

Schnitt A - B

D = Drehstangen der Pivotsäule,
E = Einstieg in den Turm, auch
      Munitionszureiche,
H = Hülsenabwurf,
K = Kartuschenraum,
M = Munitionsraum,
P = Pivotsäule,
S = Spalt,
W = Walzenlager

Dieses Bauwerk wurde nur dreimal ausgeführt. Beim Suchen nach brauch-
baren zusätzlichen Waffen bot die Marine aus einem außer Dienst gestellten Kriegsschiff u.a. 17 cm Geschütze und Wälzlager an. Bei
Inspekteur d. Lb. West wurde in aller Eile die hier teils aus der Erinnerung dargestellte Behelfslösung entworfen.
Der 2,00 m dicke, rd 780 t schwere Stahlbetonturm des Probebaues ließ
sich nach der simulierten Versuchssprengung mit entsprechender Ladung,
die am Spalt zwischen Turm und Untergeschoß angebracht war, mühelos
voll um 360° drehen. Für das Drehen des Turmes mußte auf maschinellen
Antrieb verzichtet werden. Die unbefriedigende Gesamtlösung entsprach
den Umständen von 1944. Der Fest. Pi. Stab 27 baute die Batterie nahe
Calais.

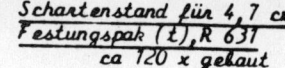

Schartenstand für 4,7 cm
Festungspak (t), R 631
ca 120 x gebaut

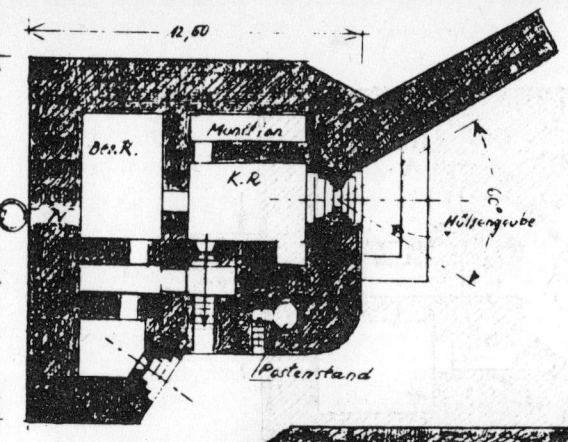

12,60

Ber.R.

Munition

K.R.

Hülsengrube

Postenstand

Schartenstand
für Feldgeschütze
unterschiedlicher
Art und Herkunft.
R 611
ca 70 x gebaut

Ber. R.

Spornwiderlager

D

K.R.

Kartu-
schen

Mun.

Sporn-
widerlager
aus Hartholz.

D = Drehplatte aus
Holzbohlen zum Fest-
zurren der Geschütze.

16,90

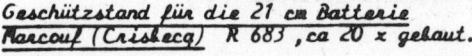

17,50

Geschützstand für die 21 cm Batterie
Marcouf (Crisbecq) R 683 , ca 20 x gebaut.

Das 1.Geschütz wurde am 8.5.1944 justiert.
Bei Reichweite bis 22 km wurden aus der unfertigen Batteriestellung ein Kreuzer ver-
senkt, Zerstörer außer Gefecht gesetzt, der
Landungsstrand mit anderen Geschützen der
umfangreichen Stellung wirksam bestrichen.

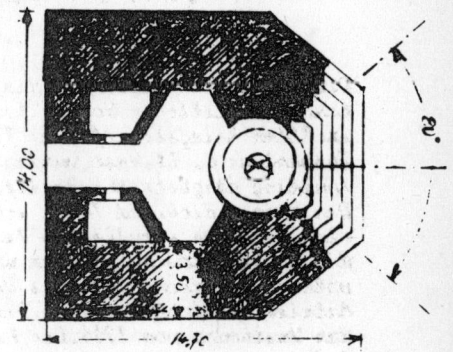

14,00

3,50

14,70

79

tragt. Ähnlich ging die Luftwaffe an die Arbeit heran. Die Nachrichten-stäbe des Heeres hatten zu erkunden, zu planen, ihre Geräte einzubauen und betriebsfähig zu unterhalten, die erforderlichen Bauwerke erstellten die Fest.Pi.Stäbe.

Die Divisionen begannen im Januar 1942 mit ihren taktischen Erkun-dungen. Für ihre Kampferfahrungen auf dem Festland oder rein schu-lungsmäßig war die HKL insofern ein klarer Begriff, nicht aber an einer Küste mit der Begrenzung durch die Wasserlinie. Bewußt war man sich auch, daß mit schwerstem Beschuß aus Kriegsschiffen und mit Bomben-angriffen zu rechnen sein würde. Um den festungsmäßigen Aufbau in diesem Sinne zu gestalten, mußten die Divisionsabschnitte in einer ge-wissen Tiefe lückenlos aufgebaut werden, um mit den vorhandenen Waffen und Kräften, gestützt auf den schweren Ausbau mit ausreichen-den Hindernissen, einem Kampf gewachsen zu sein. Weil Stützpunkte mit Ringsumverteidigung gefordert waren, stand fest, welche leistungs-mäßige Überforderung vorlag. Schließlich wurden für die Divisionsbe-reiche engere Lösungen angestrebt, die dann doch zu umfangreich blie-ben, um festungsmäßig in kurzer Zeit geschaffen zu werden.

Die Bedarfsmeldungen der drei Wehrmachtsteile überforderten die OT leistungsmäßig. Es fehlte der leitende Kopf, um die Dringlichkeiten zu koordinieren, denn obwohl der OB West die Gesamtleitung haben soll-te, wurde ihm die zentrale Lenkung unterbunden. So wie Hitler mit sei-nen Befehlen in den Ablauf von Kämpfen eingriff, ordnete er selbst auch an, welche Bauten vorzuziehen waren. Bestanden Unklarheiten, nahm sich die OT-Zentrale in Berlin oder die Einsatzleitung in Paris das Recht, selbst zu bestimmen. Zumindest bis zum Näherrücken der Invasionsge-fahr lag der OT mehr daran, dem Führer schöne Erfolge mit hergestell-tem Beton zu melden. Nach der Verabschiedung des Oberbefehlshabers des Heeres, Generalfeldmarschall v. Brauchitsch im Dezember 1941, und der Übernahme dieser Stellung durch Hitler selbst, fehlte dem Heer ein eigener OB, der sich zielbewußt auch im Falle des Festungsbaues hätte durchsetzen können. Hier wirkte sich Hitlers Argwohn gegenüber der Generalität des Heeres aus, wogegen die Luftwaffe mit Reichsmarschall Göring, die Marine mit Großadmiral Dönitz und schließlich die OT mit Reichsminister Speer volles Vertrauen besaßen. Alles Drängen des OB West, des Chefs des Generalstabes und des Generals der Pioniere und Fe-stungen im OKW, blieb erfolglos.

Der Truppenführung stellte sich die Aufgabe, die Verbände entlang der Küste munter und wachsam zu halten, zumal der immerwährende, fast

ereignislose Wachdienst sich einförmig auswirkte. Der Chef des Generalstabes bei OB West, späterer Chef d.Gen.d.Heeres, General Zeitzler,
sorgte für Belebung des Dienstes, setzte reichlich Alarmübungen an, bei
denen auch die Landeabwehr zu erproben war. Kein Truppenteil blieb
verschont, auch die Festungspioniere mußten mitmachen. Wie zweckmäßig dies war, zeigten die Abwehrerfolge bei Kommandounternehmen
der Engländer gegen die U-Boot-Basis St. Nazaire und gegen Dieppe.
Der Abwehrerfolg um St. Nazaire wäre größer gewesen, hätte der wach-
habende Marineleutnant den von einem auslaufenden U-Boot erkannten
und gemeldeten Feindverband als Anlaß zur Alarmauslösung genommen. Baupioniere taten sich in einem erfolgreichen Stoßtrupp hervor.
Bei dem Angriff auf Dieppe bewährte sich die betonierte Panzerabwehr-
mauer mit Panzergraben und Rollkies davor, dagegen wurde bewiesen,
wie richtig das Ablehnen von zu großen MG-Scharten seitens der Festungspioniere war.

Die 3. Ausbauphase für das Heer

Im September 1942 befahl der Führer den OB West, GFM v. Rundstedt mit den OB der Armeen, Komm. Generalen der Korps und allen
Generalstabschefs, den InspLbWest und seine Kommandeure bis zu den
FestPiSt., gleichrangige Offiziere der Marine und Luftwaffe im Westen,
die einschlägigen Vertreter des OKW und OKH wie auch des Rüstungs-
ministers und der OT in die Reichskanzlei.
Vor dieser hochrangigen Versammlung hielt er eine einpeitschende Rede, die darin gipfelte, daß eine unüberwindbare Abwehrfront geschaffen
werden müsse, vor der jedes Landefahrzeug im zusammengefaßten Feuer der Abwehrwaffen zu vernichten wäre. Er gebrauchte Sätze wie »Ich
kann keine Nacht mehr ruhig schlafen, wenn ich daran denke, daß die
Amerikaner und Engländer landen, bevor ich die Kriege in Rußland und
Afrika siegreich beendet habe«. Weiterhin »Ich werden keinen Fußbreit
Boden wieder freigeben, der mit deutschem Soldatenblut getränkt ist, ich
werde mich in Frankreich festsetzen wie die Krätze«.
Die jetzt gestellten Forderungen an Bauleistungen gingen weit über jegli-
ches Vermögen hinaus. Es ergab sich ein Konkurrenzkampf zwischen

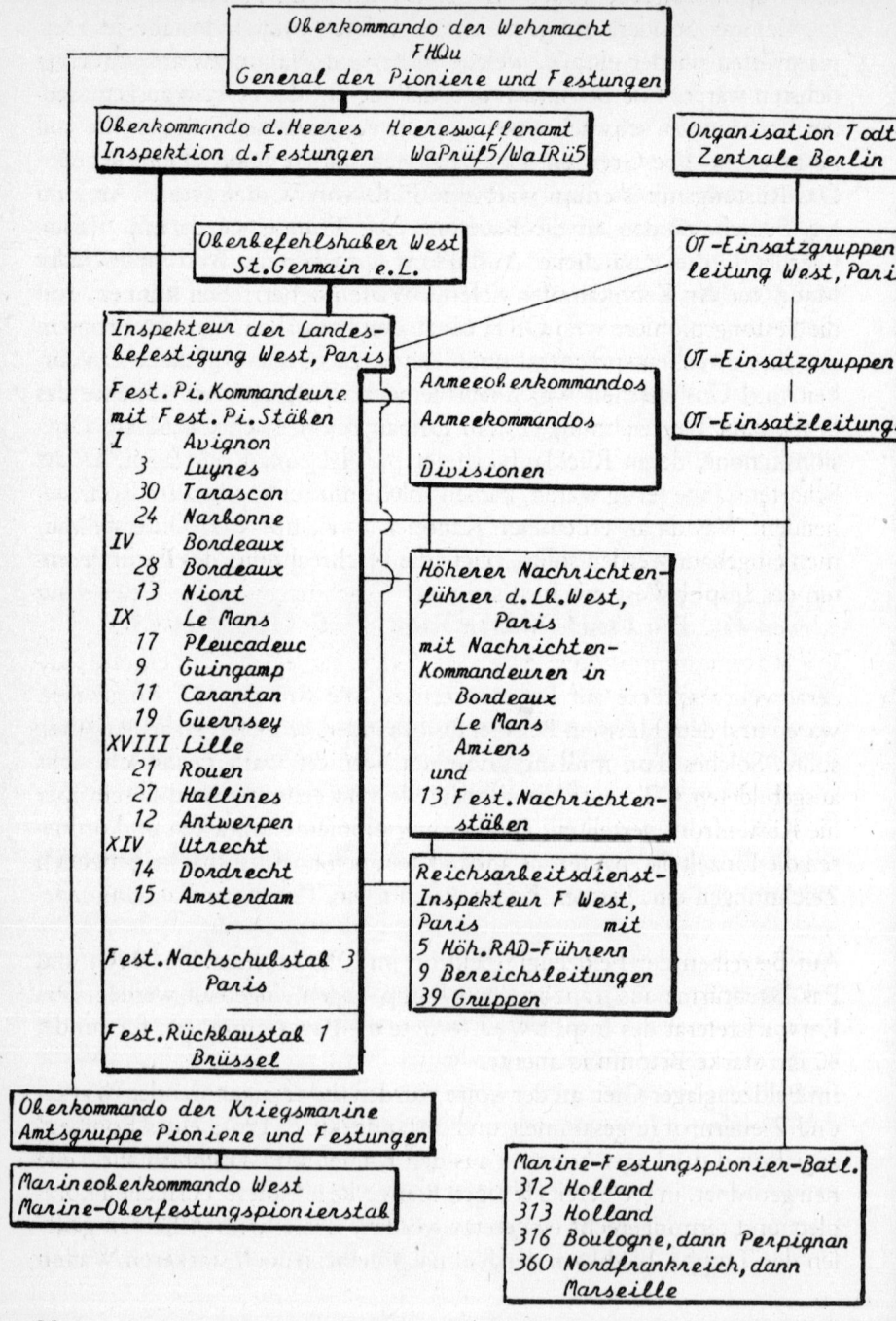

Organisation des Festungsbaues am Atlantikwall 1943

Oberkommando der Wehrmacht
FHQu
General der Pioniere und Festungen

Oberkommando d. Heeres Heereswaffenamt
Inspektion d. Festungen WaPrüf5/WaIRü5

Organisation Todt
Zentrale Berlin

Oberbefehlshaber West
St. Germain e. L.

OT-Einsatzgruppen-
leitung West, Paris

OT-Einsatzgruppen

OT-Einsatzleitunge

Inspekteur der Landes-
befestigung West, Paris

Fest. Pi. Kommandeure
mit Fest. Pi. Stäben
I   Avignon
3   Luynes
30   Tarascon
24   Narbonne
IV   Bordeaux
28   Bordeaux
13   Niort
IX   Le Mans
17   Pleucadeuc
9   Guingamp
11   Carantan
19   Guernsey
XVIII Lille
21   Rouen
27   Hallines
12   Antwerpen
XIV   Utrecht
14   Dordrecht
15   Amsterdam

Fest. Nachschubstab 3
Paris

Fest. Rücklaustab 1
Brüssel

Armeeoberkommandos

Armeekommandos

Divisionen

Höherer Nachrichten-
führer d. Lb. West,
Paris
mit Nachrichten-
Kommandeuren in
Bordeaux
Le Mans
Amiens
und
13 Fest. Nachrichten-
stäben

Reichsarbeitsdienst-
Inspekteur F West,
Paris   mit
5 Höh. RAD-Führern
9 Bereichsleitungen
39 Gruppen

Oberkommando der Kriegsmarine
Amtsgruppe Pioniere und Festungen

Marineoberkommando West
Marine-Oberfestungspionierstab

Marine-Festungspionier-Batl.
312 Holland
313 Holland
316 Boulogne, dann Perpignan
360 Nordfrankreich, dann
Marseille

82

den Wehrmachtsteilen, auch mit der OT selbst, die im Auftrag der Berliner Zentrale Sonderaufträge durchführte. Die Kommandostäbe des Heeres prüften wieder einmal, welche bisherigen Planungen am vordringlichsten wären. Hierbei sprach mit, daß die mit dem Osten ausgetauschten Verbände zu schwach waren, um die vorgesehenen Stützpunkte voll zu besetzen. Die Grenzen der Divisionen sollten beibehalten bleiben.

Das Rüstungsministerium warf eine Fülle von Waffen älterer Art und aus Beutebeständen an die Baufront. Die Truppe wurde mit Waffen überhäuft, die zusätzliche Ausbildung erforderten. Bald sollte jeder Mann wie ein Zehnkämpfer vielerlei Waffen beherrschen können. Auf die Festungspioniere vom OKH bis zu den Baustäben, kam das Problem zu, alles zweckentsprechend unter Beton zu bringen. Manche Unklarheit und Unsicherheit war unausbleiblich. Beispielsweise schickte das Waffenamt Bauzeichnungen zum Einbau der russischen 7,62 cm Divisionskanone, deren Rücklaufvorholer parallel zum Rohr lagen, als die Schartenstände fertig waren, kamen solche mit senkrecht zum Rohr stehenden. Was da an erbeuteten Kanonen in Kampf- und Unterstellräumen eingebaut werden sollte, zeigte die Nachrechnung des Fachreferenten des InspLbWest mit insgesamt 115 Geschütztypen, für die es dann schwer war, die passende Munition angeliefert zu bekommen.

Das Rüstungsministerium führte auf Hitlers Geheiß 1000 überholte Panzerabwehrgeschütze auf Pivotlafetten zu, die von der OT einzubauen waren und dem Heer ein Beispiel für besonders schnelles Arbeiten geben sollte. Solches Tun mißlang gründlich, weil die waffentechnisch nicht ausgebildeten OT-Leute die Einbauteile verwechselten und falsch über die Küstenfront verteilten. Die Festungspioniere sammelten und ordneten die Einzelteile, bauten sie anhand der auch noch zu spät kommenden Zeichnungen ein. Letzten Endes war nur ein Teil dieser Pak einsatzbereit.

Auf Betreiben der Feldzeuginspektion im OKH sollten 1564 MG- und Pak-Drehtürme aus französischen Kampfwagen eingebaut werden. Das Entwurfsreferat des InspLbWest fertigte die Bauzeichnungen für runde, 40 cm starke Betonfundamente.

Im Feldzeuglager Gien an der Loire wurden die dazugehörenden Waffen und Zielfernrohre gesammelt und instandgesetzt. Trotz eines Bombenangriffs auf das Lager konnten aus den Ruinen und Trichtern alle Teile neu geordnet, in die bereits fertigen Bauwerke alle diese Türmchen komplett und termingerecht eingesetzt werden. Diese kleinen Bauten gefielen der Truppe, bald kam der Ruf nach mehr, jedoch stärkeren Waffen solcher Art, die zudem Bereitschafts- und Munitionsräume erhalten sollten. Hierfür wurden Panzertürme von deutschen Kampfwagen zugewiesen, für deren Einbau das Waffenamt die Zeichnungen lieferte. In diese Zeit fiel der Bau von Einmann-Schützenständen für MG, den beim Afrikakorps bewährten Tobrukständen, die allerdings zu den Feldbefestigungen zu rechnen waren.

Vielerlei Wünsche für besondere Bauten wurden an InspLbWest herangetragen. Gefordert war ein Kampfstand für Salvengeschütze (Nebelwerfer), ein Feuerleit- und Beobachtungsstand mit 180° Blickfeld für die Heeresartillerie, ein Unterstand für die Meteorologen, in dem die Geräte, darunter eine Druckmaschine, die einen etwa 6,50 m langen Raum brauchte, bombensicher sein sollten. Der Höhere Artillerieoffizier bei InspLbWest bekam 17 cm Geschütze auf Pivotlafetten angeboten, die als Drehtürme aus Stahlbeton auf einem Wälzlager um 360° wirken müßten. Der Versuchsbau im FestPiPark Genévilliers bewährte sich bei der Erprobung. Nahe Calais wurde die Batterie Waldam mit drei solchen reichlich hohen Betondrehtürmen verstärkt, um mit dem Ringsumeinsatz der 17 cm Kanonen benachbarte Batterien im Erdkampf zu entlasten. Ein solcher Betonturm wog 780 Tonnen.

Die mächtigen Betonkolosse der U-Stützpunkte in der Ausbaustärke A, zuletzt noch auf 5 m Deckenverstärkung gebracht, zeigten nach den Entwürfen der Marine nur eine Verteidigung seewärts. An gelandete Feinde war nicht gedacht. Der Baureferent des InspLbWest mußte jeweils an Ort und Stelle für die infanteristische Verteidigung vorausschauende bauliche Maßnahmen anregen. Mit einem Oberbefehlshaber des gesamten Ausbaues, der Heer, Marine und Luftwaffe in gleicher Weise hätte befehlen können, wären so selbstverständliche Abwehrmaßnahmen von vorne herein gebaut worden.

Kopfzerbrechen bereiteten die offenen Betonscharten für Geschütze. Die Artillerie schlug etliche Lösungen vor, vor allem Vorhänge aus aufgehängten Ketten. Letzten Endes blieb nur der Behelf mit Blechläden für die Feldartillerie. Obwohl die Luftwaffe ihre eigene Entwurfsabteilung in Etampes hatte, bat der General der Jagdflieger West um einen Leitstand, der das Aufstellen der Planquadratwand ermöglichte. Der Entwurf ging über die normalen Planungen hinaus, wurde prompt zugestellt und von der OT gebaut. Unter den vielen Dingen ausgefallener Art ist der Entwurf für die Scheinanlagen einer V1-Abschußrampe in Form einer umgekehrten Skisprungschanze zu nennen. Britische Flieger machten sich den Spaß, dieses von Baupionieren hingestellte Gerüst mit

Zementbomben zu bewerfen, ein Beweis wie schnell nach der anderen Seite hin verraten wurde.

Das HQu des OB West, GFM v. Rundstedt, bekam in St. Germain en Laye drei große Befehlsstände mit entsprechenden Ausstattungen und eigener Stromversorgung, jeder Bau mit Eingangsverteidigung. Ferner waren in 50 Wohnhäusern Kellerräume betonmäßig zu verstärken. Ein Teil der Stadt war mit Infanteriehindernissen gegen Luftlandetruppen abzusichern, das Renaissanceschloß, als zentraler Verbandsplatz bestimmt, bekam die tiefen Keller verstärkt und für den Transport Verwundeter einen Schlepplift. Innerhalb von vier Wochen mußte für den Generalfeldmarschall, der von Luftschutz nichts wissen wollte, während seiner Abwesenheit ein Bunker im Garten seiner Unterkunft erstellt werden, weil der von der OT im Hause mit Stahlträgern an Wänden und der Decke erbaute dem zur Begutachtung herbeigeholten Festungspionier als »Grill« unmöglich erschien.

Im Pariser XVI. Arrondissement lagen die meisten Führungsstäbe der Wehrmacht. Für sie war in Kellerräumen eine Verbindung untereinander zur Verteidigung zu planen. Ganz unerfreulich war, im Hotel Lutetia in Paris für den SD für Zwecke des Luftschutzes die Keller zu gestalten, zuerst die Maße zu nehmen. Die Prozedur, um überhaupt eingelassen zu werden, war so widerlich, daß der dorthin beorderte Referent des InspLbWest es ablehnte, ein weiteres Mal diese Polizeidienststelle zu betreten.

Zuführung der Baumittel und Panzerteile

Die allgemeinen Baustoffe wie Zement, Zuschlagstoffe, Stahl und Bauholz, hatte die OT mit erfahrenen Fachleuten schnell im Griff. Erst später, vor allem ab 1943, wurden Zufuhr und damit Baufortschritt zunehmend und fühlbar erschwert. Die Festungspioniere forderten ihren Bedarf auch an Einbauteilen und Panzerungen bei dem Festungsnachschubstab 3 in Paris an, soweit sie sich nicht selbst versorgen konnten. Die Anforderungen aus Beständen im Heimatgebiet und FestPiParks, auch der Rückbaustäbe fremder Befestigungen, regelte der GendPi im

OKW, ihre Zuführung der GendPi beim Befehlshaber des Ersatzheeres, entweder direkt an die FestPiSt. oder an den zentralen Festungspionierpark Genévilliers bei Paris zur Weiterleitung nach den Weisungen des InspLbWest oder Festungsnachschubstabes 3.

Nicht nur die OT, auch der Nachschubstab 3 unterhielt selbst Werkstätten und kleinere Fabriken, in denen Bedarfsgüter wie Rohrsysteme für Lüftung, Rauchabzug, Innenausstattungen für die betonierten Bauwerke hergestellt werden konnten. Auch die OT wurde bei Bedarf bedient. Diese Betriebe setzten selbstverständlich Geräte aller Art instand, waren sehr gefragt. Im zentralen Park Genévilliers lagerten zwischenzeitlich die Festungspanzerungen mit zugehörigen Waffen und Geräten, Aggregaten, Schutzlüftern, Kabeln und Hindernismaterial vom Stacheldraht bis zu schweren fertigen Stahligeln.

Der Nachschub funktionierte in der ersten Zeit gut und reibungslos. Die Lieferungen aus dem Reich und aus den besetzten Gebieten, ihr Transport zu den Bedarfsstellen wurde ab 1943 zunehmend durch Tieffliegerund Bombenangriffe, aber auch Sabotage gegen Bahnanlagen erschwert und schließlich weitgehend verhindert. Ab Mai 1944 waren die Bahnbrücken westlich der Linie Brüssel-Paris-Orléans fast restlos zerstört. In Erwartung solcher Schwierigkeiten forderte der InspLbWest bereits 1942 von der OT, sie möge Baustofflager in Schwerpunkten des Ausbaues für Zement, Zuschlagstoffe, Baustahl und Holz anlegen, fand aber kein Gehör. Als dort die Einsicht kam, war es zu spät.

Generalfeldmarschall Rommel

Im ostpreußischen Hauptquartier wies Hitler am 5. November 1943 GFM Rommel an, den Atlantikwall zu inspizieren, den Stand der Vorbereitungen für die Verteidigung zu prüfen und Vorschläge für Angriffsoperationen zusammenzustellen. Die Überprüfung und Begutachtung begannen im Dezember 1943 entlang der dänischen Westküste. Dort lag ihm die vorgesehene HKL zu tief landeinwärts. Anschließend folgten die Küstenabschnitte von Belgien bis zur Somme, dann die Bretagne, zuletzt die Normandie. Im Gegensatz zum OB West, GFM v. Rundstedt, vertrat GFM Rommel die Ansicht, der Feind müsse an der Küste geschlagen werden. Diesen Standpunkt teilte Hitler, der seine Befehle schon 1942 in diesem Sinne gegeben hatte.

Der dann zum OB der neuen Heeresgruppe B ernannte Feldmarschall berichtete über den Ausbauzustand in gleicher Weise wie der OB West, der bereits zuvor schon gegenüber Hitler den Atlantikwall als Windei bezeichnet hatte. Beider Mahnungen, die Küste rascher zu befestigen, als Folge der selbstherrlichen Arbeitsweise der OT, führten nur dazu, daß seitens des OKW neue Führerbefehle erlassen wurden, in denen zur Anspannung aller Kräfte gemahnt wurde. Der OT durfte nach wie vor nicht eine Dringlichkeit befohlen werden.

Rommel drang mit aller Vehemenz auf den verstärkten Ausbau, allzuviel konnte wegen der Baustoffverknappung als Folge der Transportbehinderungen und Fliegerangriffe auf Baustellen, nicht mehr erreicht werden. Sein besonderes Augenmerk galt, abgesehen von operativen Maßnahmen, den Strand- und Vorstrandhindernissen. Nachdem er ebenfalls überzeugt war, die erwartete Feindlandung wäre in der Seinebucht zu erwarten, mußten auf seinen Befehl Holzstämme in den Vorstrand der Küste gerammt, teils mit Minen versehen werden, um das Anlaufen von Landungsbooten zu verhindern. Die Pioniere mußten zudem verstärkt Landminen verlegen. Für die mit Handrammen bei Ebbe einzubringenden »Rommelspargel« dürften etwa 400 Stück auf 1 km Strand erforderlich gewesen sein.

Der OB der Heeresgruppe B interessierte sich für alles Erdenkliche, was die Abwehr anlandender Feinde fördern könnte, verlangte in seinem Eifer Änderungen im Bauprogramm, warf Baupläne um, schuf dadurch Unruhe in der Bauausführung. Als er von der Alarmmine, die ein Fest-PiBeamter (Verfasser) entworfen hatte, erfuhr, setzte er sich wegen der im Bürokratismus des Heereswaffenamtes verzögerten Genehmigung selbst ein. Die drei Wehrmachtteile wollten insgesamt 650 000 haben, zu spät kamen dann 56 000 Stück aus der Fertigung.

Alarmgerät (Almo)

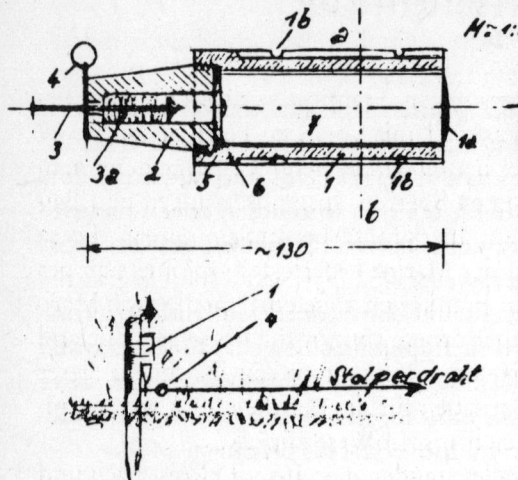

M ≈ 1:2

Schnitt a-b

~ 130

Stolperdraht

1 = Patronenhülse
1a = Hülsenboden
1b = Rillen für Bindedraht
2 = Schraubkopf
3 = Schlagbolzen
3a= Schlagbolzenfeder
4 = Drahtvorstecker
5 = Dichtungsring aus Gummi
6 = Cellophandichtung
7 = Leuchtpatrone

Als Verwendungszweck war auch
an die Sicherung von Lagern, Depots, Flugplätzen usw gedacht.
(Entwurf vom Verfasser)

Dieses Gerät sollte in Stolper-
draht-Hindernissen wie auch für
andere Zwecke verwendet werden.
Werkstoff war Bakelit in ver-
schiedenen Farben entsprechend
dem Verwendungszweck.
Durch Belastung, also Zug am
Stolperdraht pp, wird der Vor-
stecker (4) aus dem Schlagbolzen-
schaft gezogen. Der damit frei gewordene Schlagbolzen (3) trifft auf
das Zündhütchen der Leuchtpatrone (7), die den Hülsenboden
(1a) durchschlagend hochsteigt,
die Umgebung alarmiert.
Dieses Gerät war für die zu geringe, an der Küste Wacht halt-
ende Truppe bestimmt, sollte von
ihr selbst gefertigte undichte
Holzkästchen ersetzen. Die ersten
56000 Stück aus einer pariser
Fabrik erreichten die Front
nicht mehr, blieben im Fest. Pi.
Park Genèvillers bei Paris.
Insgesamt waren von Heer, Marine
und Luftwaffe rd 650 000 Stück
im Bereich des OB West angefordert worden.

88

Organisation des Heeres-Festungsbaues am Atlantikwall

Schon während des Feldzuges gegen Frankreich rückten einige Festungspionierstäbe aus dem Westwall mit vor. Die FestPiSt. 9, 21, 27 und 28 des nördlichen Bereiches hatten bereits beim Vormarsch mit dem Räumen von Straßen- und anderen Sperren, Instandsetzungen und Bau von Brücken, auch Wegebauten, anerkannte Leistungen gezeigt. Diese vier Stäbe bekam anschließend der Marine-Oberfestungspionierstab des Kommandierenden Admirals in Frankreich zugeteilt, um die zwei Marine-Festungspionierstäbe bei den Vorbereitungen für das gegen England geplante Landeunternehmen Seelöwe zu unterstützen. Nachdem dieser Plan aufgegeben und andere Vorhaben für die Marine erfüllt waren, traten sie 1942 in den Befehlsbereich InspLbWest zurück.

Für den Ausbau des Atlantikwalles standen dem InspdLbWest nach und nach vier Festungspionierkommandeure und elf Festungspionierstäbe zur Verfügung. Hinzu kamen sieben Gesteinsbohrkompanien, der Festungsnachschubstab 3 mit dem Festungspionierpark und der Parkkompanie mit den Schwerstlastkolonnen, Festungseinbaukompanien und auch der Festungsrückbaustab. Nach der Besetzung des restlichen südöstlichen Teiles von Frankreich im November 1942 kam für den Ausbau der Mittelmeerküste noch ein FestPiKdeur mit drei FestPiSt., Abschnittsgruppen und Fest.-Baubataillonen hinzu.

Das der In 7 im OKH unterstellte Festungsnachrichtenkorps war mit Festungsnachrichtenstäben eng an den Aufbau der FestPiStäbe angeschlossen. Sie planten verantwortlich das System und die Einrichtung der Nachrichtenmittel in den Festungsbauten, führten den Einbau ihrer Geräte durch, waren für Betrieb und Unterhaltung zuständig. Den Bau der Schaltstände, Kabelgräben usw. übernahmen die Festungspioniere. Hier bestand eine enge, gute, stets funktionierende Zusammenarbeit.

Die Festungspionierstäbe regelten auch den Einsatz der Abteilungen des Reichsarbeitsdienstes, der im besonderen dem Ausbau feldmäßiger Anlagen für die Truppe diente. Dazu gehörte, soweit zumutbar, der Bau von Hindernissen, einfachen, betonierten Anlagen, Kabelgräben, Beschütten und Tarnen von Kampf- und Unterständen, also Arbeiten, die für die OT nicht interessant waren. Auch hier fehlte nicht das gute Einvernehmen, zumal die RAD-Führer für ihre Aufgaben an der Pionierschule sehr gut geschult und verständig für die militärischen Belange waren. Die geringere Leistungsfähigkeit der jugendlichen Arbeitsmänner wurde berücksichtigt. Insgesamt standen jeweils bis zu 30 000 Mann im Einsatz, die nach einem halben Jahr in die Heimat zurück mußten, um den Wehrdienst mit der Waffe anzutreten.

Die Organisation Todt am Atlantikwall

Die allzuvielen und in großer Zahl auch umfangreichen Baumaßnahmen ließen sich in den von Hitler befohlenen Fristen nur wieder mit Hilfe der OT ausführen. Jedoch beauftragte die FestPiSt. für ihre Bauten deutsche und einheimische Bauunternehmungen. Den deutschen Firmen mit eigenem Stammpersonal mußte die OT die Arbeiter zuführen. Die OT war verpflichtet, sich für die Bausausführungen an die von den drei Wehrmachtteilen erarbeiteten Planungen und Bauentwürfe zu halten. Dem Auftrag Hitlers fehlte fatalerweise die Auflage, daß die militärischen Stellen zu Anordnungen oder Befehlen befugt waren. Somit bestimmte sie selbst nach Gutdünken die Dringlichkeit der Bausausführungen bis zu der ihr genehmen letzten Arbeit. Ihr kam es darauf an, die Hitler versprochenen Leistungen von 600 000 cbm Stahlbeton je Monat zu erfüllen. Demzufolge wählte sie die Bauvorhaben mit größtem Volumen, ohne Rücksicht auf die der vordringlichen taktischen Belange, wie von den Kommandostäben, vor allem denen des Heeres gefordert. Der OT entstanden allerdings auch Schwierigkeiten in der Zuführung der erforderlichen 250 000 Arbeitern. Die Einstellungen waren in den bevölkerungsreicheren Gebieten wie in Holland, Belgien und Nordfrankreich leichter als weiter südwärts. Das mit einer Million cbm Beton angestrebte OT-Ziel wurde nur einmal im April 1943 mit rd. 740 000 kaum annähernd erreicht.

Die größten Betonmassen steckten in den Stützpunkten für U-, Räum- und Schnellboote, in den schweren Batterien für die Marine und ähnlichen, große Mengen Beton schluckenden Bauwerken. Die kleinen, für den infanteristischen Abwehrkampf so dringlichen Bauten, wurden während längerer Zeit erst dann übernommen, wenn davon eine größere Anzahl auf engem, vor allem bauorganisatorisch günstigem Raum lag. Doch mit dem Abschluß der Betonarbeiten mußten die Baustelleneinrichtungen, Mischmaschinen, Kräne und Bagger sofort für andere Neubauten abgezogen werden. Die endgültige Fertigstellung, also Inneneinrichtung, Beschüttung, Schußfeldbereinigung blieb zum Nachteil der Gefechtsbereitschaft liegen. Damit lagen die Rohbauten monatelang unfertig in der Landschaft, letztlich mußten die Festungspioniere für Abhilfe sorgen, dafür andere im eigenen Programm stehende Arbeiten verschieben. Auch Panzergräben oder Hohlgangbauten waren, weil sie keine Betonleistungen zeigten, nicht nach dem Geschmack der OT.

Erst als die Lage kritischer heranreifte und eine feindliche Großlandung in bedrohliche Nähe rückte, wurde ab Herbst 1943 eine grundlegend geänderte Haltung bei der OT fühlbar. Besonders vernachlässigt wurde ausgerechnet die Normandie mit dem Teil, dem die Invasion galt, wobei zugestanden werden muß, daß seitens der Kriegsmarine dieser Küstenbereich als ungünstig für Anlandungen genannt worden war und dort somit weniger Kampfanlagen geplant wurden.

Äußerst bedauert wurde der Tod von Dr. Ing. Todt, der am 8.2.1942 mit seinem Flugzeug bei Rastenburg in Ostpreußen abstürzte. Bei ihm hatten die Kommandostellen des Heeres schon am Westwall Verständnis für taktische Belange gefunden, das bei seinem Nachfolger, dem Architekten Albert Speer zu fehlen schien. Letzterer war als Rüstungsminister allzu reichlich mit anderen Aufgaben voll eingedeckt und überlastet. Er mußte sich auf seinen ständigen Vertreter für die Arbeiten der OT, den Ministerialdirektor Xaver Dorsch, verlassen. Dieser wiederum opponierte nach Speers Worten in dessen Erinnerungen gegen seinen Minister, spekulierte darauf, Generalinspekteur für das Bauwesen zu werden. Ihm war es 1944 auch gelungen, die Bauorganisation der Luftwaffe unter seine Fittiche zu bekommen, was mit dem Festungsbau des Heeres mißlang. Die eigenwillige Haltung dieses Leiters der OT-Zentrale in Berlin dürfte in allen Anordnungen gegenüber den OT-Einsatzleitungen ausschlaggebend gewesen sein. Die frontnahen Bauleiter der OT zeigten allerdings Verständnis und guten Willen für die Forderungen des Heeres, mußten aber ihren Vorgesetzten gehorchen.

Für die Bauausführungen des Atlantikwalles lag die Gesamtleitung bei der Einsatzgruppe West in Paris, die der Berliner Zentrale unmittelbar unterstellt war. Der Einsatzgruppenleiter, Generalingenieur Weiß, war zwar mit dieser Ernennung Wehrmachtangehöriger und damit dem

Oberbefehlshaber West unterstellt, maßgebend blieb für ihn jedoch, was Berlin forderte.

Der Einsatzgruppe West unterstanden neun Oberbauleitungen mit den dazugehörenden Bauleitungen, die Nachschuborganisation, Betriebe für die örtlich gebundene Belieferung mit Baustoffen wie Sägewerke, Kies-, Schotter- und Sandgewinnungsanlagen, außerdem Dienststellen der Deutschen Arbeitsfront (DAF) zur Versorgung und Betreuung der Arbeiter.

Insgesamt erbrachte die OT eine für die Neuzeit als epochal zu bezeichnende, für die kurze Bauzeit im Umfang einmalige Leistung, zumal sich Schwierigkeiten bis zum teilweisen Stillstand häuften. Die Arbeitskräfte aus den besetzten Gebieten bekamen den ortsüblichen Lohn, schienen auch in der Masse zufrieden zu sein, damit das Brot für ihre Familien zu verdienen, doch vor allem in Frankreich blieben viele als Maquisarts der Résistance angehörend unbekannt, konnten sabotieren und wichtige Vorgänge verraten. Daraus ergaben sich gezielte Luftangriffe auf besonders wichtige Baustellen.

Nach einer Leistungsübersicht der OT sollen ihre Bauunternehmungen bis 1944 für das Heer allein 13,3 Millionen cbm Beton hergestellt haben. Anzunehmen ist, daß der von den FestPiSt. mit eigenen Firmen erzeugte Beton mit etwa 3 Millionen richtig angesetzt ist. An Zement dürften damit rd. 6,5 Millionen t, an Zuschlagstoffen 31,7 Millionen t verbraucht worden sein. Nicht bekannt ist, welche Mengen für die äußerst umfangreichen Bauwerke der Marine, Batterien der schwersten Kaliber, U-, S-und Räumbootbunker mit den gigantischen Ausmaßen wie auch für die vielen, vielen Flugplätze und Flakstellungen verbraucht wurden.

Der Stand des Ausbaues 1943/44

Für das Heer mußte sich der schwere festungsmäßige Ausbau hauptsächlich auf die als Festungen erklärten Bereiche beschränken. Als Stützpunkte mit Festungspanzerungen in Einzelanlagen und Kampfblöcken mit entsprechenden Waffen, sollten sie die lückenlose Rundumverteidigung gewährleisten. Unbedingt erforderlich galten tief minierte Hohl-

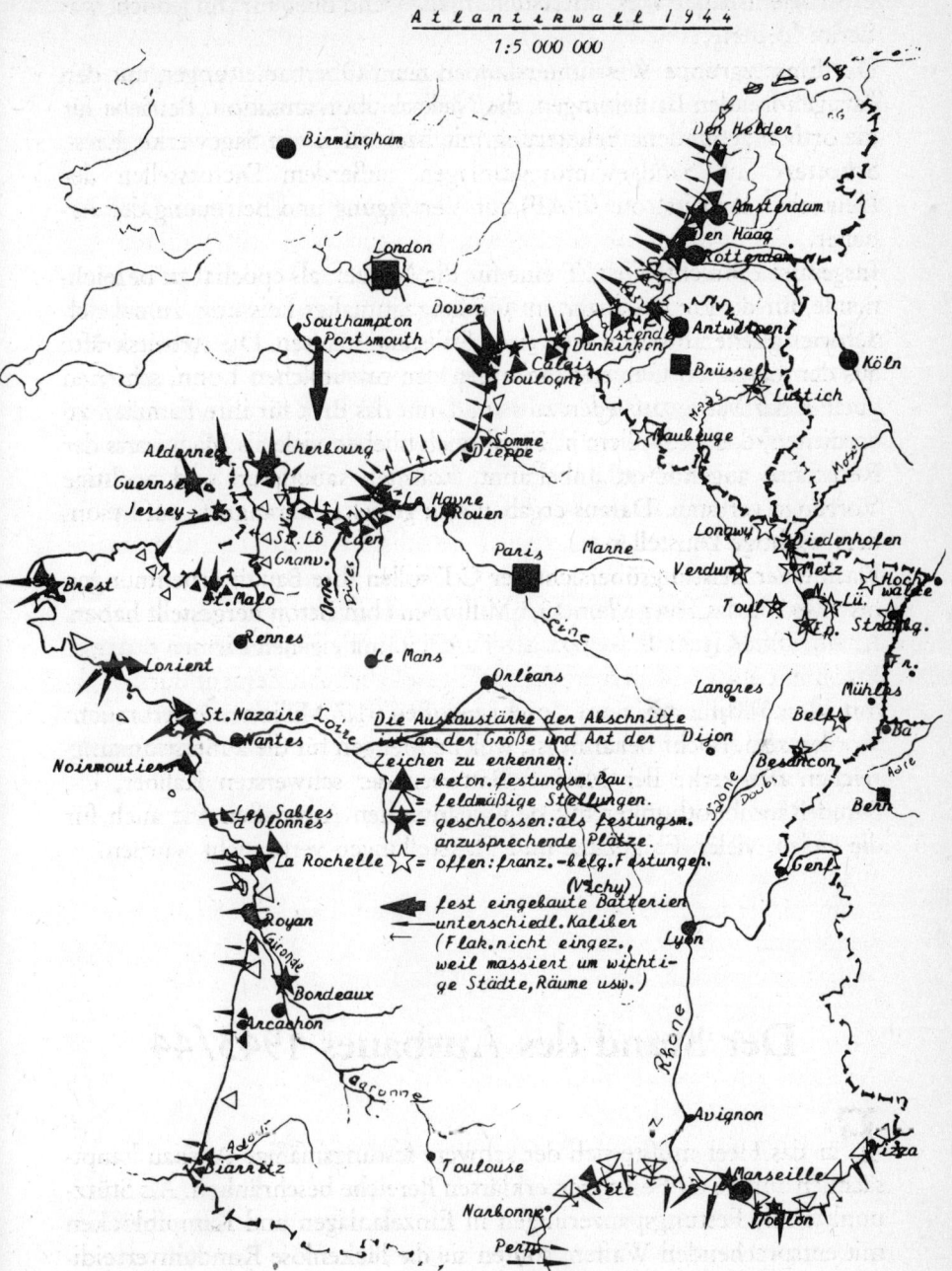

Atlantikwall 1944
1 : 5 000 000

Die Ausbaustärke der Abschnitte
ist an der Größe und Art der
Zeichen zu erkennen:
▲ = beton. festungsm. Bau.
△ = feldmäßige Stellungen.
✶ = geschlossen: als festungsm.
    anzusprechende Plätze.
☆ = offen: franz.-belg. Festungen.
    (Vichy)
◀ fest eingebaute Batterien
← unterschiedl. Kaliber
    (Flak.nicht eingez.,
    weil massiert um wichti-
    ge Städte, Räume usw.)

93

gangsysteme mit Unterkünften, Vorratslagern und Versorgungseinrichtungen aller Art. Die HKL solcher Festungen war lückenlos mit Infanterie- und wo nötig, mit Panzerhindernissen abzusichern. Derartige große Anlagen ließen sich nur in wenigen Fällen einigermaßen ausführen. Es fehlte an Zeit, an Festungspanzerungen und an Gesteinsbohrkompanien des Heeres.

Hitler setzte im September 1942 für den Ausbau vollwertiger Deckungen für die gesamte Küstenbesatzung wie auch von Stützpunkten mit Rundumverteidigung eine Frist von 18 Monaten. Das Ausbauziel hätte sich in so kurzer Zeit auch kaum einigermaßen erreichen lassen, wenn nur für die den Abwehrkampf führende Truppe Anlagen gebaut worden wären. Nachdem bereits 1942/43 die Luftwaffe nur noch wenige Flugzeuge verfügbar hatte, war das unentwegte Weiterbauen im großen Stil sinnlos geworden. Entschuldbar könnte sein, daß selbst der OB der Luftflotte West, GFM Sperrle, an Hitlers ständige Hinweise auf Verstärkung mit 1000 Turbojägern glaubte. Bei der Marine waren die Stützpunkte für die Kleinbootflottillen fertig, ebenso die schweren Batterien, so brauchte sie nur noch Abwehranlagen für gelandete Feindkräfte abzusichern. Hier wurden zu lange Arbeitskräfte und Baustoffe unnötig gebunden, die zweckmäßiger für Kampfanlagen des Heeres eingesetzt worden wären.

Das Heer baute im allgemeinen Regeltypen in der Stärke B1 neuer Art. Der Bericht des InspLbWest vom Juli 1944 weist an der Atlantikküste für die taktischen Heeresverbände an Bauwerken nach:

Regiments-, Bataillons-, Kompanie-, Batteriegefechtsstände nach 4 Regeltypen	251
Unterstände nach 7 Typen	3638
Kampfstände für MG (einschl. Panzertürmen), Pak bis 8,8 cm, Feldgeschütze, M 19 nach 17 Typen	2776
Beobachtungsstände der Artillerie mit Pz-Türmen oder Deckenplatten, Meßstellen in 4 Regeltypen	158
Nachrichten- und Großschaltstellen, 3 Typen	55
Geschütz- und Pakunterstellräumen, 3 Typen	175
Munitionsräume, 5 Typen	808
Unterstände für Sanitätsbereiche, Versorgung aller Art 7 Typen	258
insgesamt	8119

Nach einer Dokumentation des Chefs d.St. bei InspLbWest sollen insgesamt rd. 8400 kleinere und größere Ringstände für Pak, MG und andere

Zwecke gebaut worden sein. Ausgeführt wurden auch Betonmauern an Stränden wie in Dieppe, offene Artilleriefeuerstellungen und anderes mehr. Etwa zwei Drittel der Bauwerke und Hindernisse lagen in den Bereichen der 7. und 15. Armee von der Nordküste der Bretagne bis zur belgischen Grenze. Von den 1900 km der geplanten Strandhindernisse waren 729 km fertig, in ihnen standen 240 000 Tschechenigel, Hemmkurven, Betontetraeder und Rollböcke. Als fertige Infanteriehindernisse werden 3100 km, als Panzerhindernisse 420 km angegeben. Pioniere und RAD verarbeiteten 36 500 t Stacheldraht; was sie geleistet haben, läßt sich mit Worten kaum würdigen.

Die OT schuf außer den bereits aufgeführten ausnehmend umfangreichen Werken auch die Aufbereitungs- und Abschußanlagen der V-Waffen, die mit je bis zu 220 000 cbm Beton veranschlagt waren. Sie mußten nach erfolgreichen Bombenangriffen umprogrammiert und neu begonnen werden. Dabei war daran gedacht, unter einer 5 m starken Stahlbetonplatte von 25 m Durchmesser in etwa 20 m Tiefe zu schachten. Hier ist auch der irrationale Bau des Kampfstandes für die Röchling'sche Kanone (Vielfach-Kartusch-Geschütz (V3)), deren aus mehreren Teilen zusammengesetztes 140 m langes Rohr London beschießen sollte. Materialverschlingend waren die Verstärkungen der Bauwerksdecken der Stützpunkte für U-, R- und S-Boote von 3,50 m auf 5,00 m und teilweise darüber.

Der InspLbWest hielt es 1943 für seine Pflicht, den Bau einer feldmäßig befestigten Linie Somme-Champagne-Plateau de Langres-Jura vorzuschlagen. Das Ergebnis war, daß Genltn. Schmetzer zur Verwendung im Heimatkriegsgebiet abberufen wurde. Eine solche Stellung zu bauen, wurde dann befohlen, als die Alliierten bei Avranches vollends durchgestoßen waren, also ein Jahr zu spät.

Ausbaustand der einzelnen Abschnitte

In den Niederlanden waren die westfriesischen Inseln schwach besetzt, zeigten nur feldmäßige Stellungen. Von Den Helder bis südlich Den Haag lagen drei schwere, aber nicht festungsmäßige Stützpunkte zum Schutze der großen Seehäfen. Entlang dieser Küste standen etwa 30 Batterien von 7,5 bis 28 cm feuerbereit.

Die flandrische Küste von der Schelde bis Calais galt am meisten bedroht. Der festungsmäßige Ausbau wurde, voran mit Ostende, als gut gesichert beurteilt. Auch Dünkirchen und Calais waren voll verteidigungsfähig. In diesem kurzen Bereich standen 20 starke Batterien, darunter Lindemann mit 40,6 cm, Friedrich August mit 30,5 cm, Todt mit 38 cm und sechs andere mit 28 cm Kaliber.

Die Steilküsten zwischen Calais und Boulogne wurden als weniger gefährdet behandelt. Hier standen sechs Batterien unter Beton. Boulogne war seewärts bestückt, den ansonst vorhandenen Stützpunkten fehlten Hindernisse. Obwohl die Führung im anschließenden Bereich bis südlich der Somme eine Großlandung für möglich hielt, war der vorgesehene Ausbau schwächer als weiter nördlich, weil die Arbeiten nicht Schritt hielten. Hier waren sechs Batterien von 10,5 bis 15,5 cm eingebaut. Die anschließende Steilküste bis Le Havre ließ nur Teillandungen erwarten. Le Havre war als Festungsbereich an der Seefront gut und stark, an der Nordfront und in der Tiefe weniger ausgebaut, auch fehlte das durchlaufende kraftvolle Hindernis. An dieser Strecke standen elf Batterien, um Le Havre selbst sieben der Marine bis 15,5 cm, eine mit 38 cm, dazu 13 für die Flak.

Von der Seinebucht bis zur Orne war gleichfalls eine Großlandung nicht erwartet worden. Auf den küstennahen bis 100 m ansteigenden Höhen waren acht Batterien von 10,5 bis 15,5 cm z.T. erst kurz vor der Invasion unter Beton aufgestellt worden. Die Hälfte der Infanterie fand schwere Bunker in Stützpunkten vor. Außerdem waren etliche Panzerhindernisse fertig.

Die normannische Halbinsel Cotentin war in ihrer Bedeutung von der Führung unterschätzt worden. An ihrer Ostküste setzte der Großangriff für die Invasion am 6. Juni 1944 ein, schwimmende Häfen wie dort erstmals angelegt, waren ein Novum. Zwischen Orne und Vire war anfänglich nur ein feldmäßiger Stellungsbau mit leichten Betonbauten anzutreffen, nur verstärkt durch wenige Befehlsstellen, Artilleriestände, Beobachter, MG-Kampfstände mit Schartenplatten und ein paar Panzertürme. Obwohl das Heer hier nach taktischen Gesichtspunkten mehr Bauwerke wollte, vernachlässigte die OT den für sie abseits liegenden Abschnitt. Ende 1943 gelang es, durch Einsatz weiterer Festungspioniere, mehr Schwung in die Arbeiten zu bringen. Anstelle der bisherigen feldmäßigen Anlagen entstanden kleine Rundumstützpunkte mit Gruppenunterständen und einigen MG-Kampfständen. Auch die Heeresbatterien wurden im gleichen Sinne verstärkt. Anstauungen wurden so vorbereitet, daß das salzige Meerwasser nicht eindringen konnte. Zuletzt standen hier 13 Batterien des Heeres von 7,5 bis 15,5 cm bereit.

Die Ostküste Cotentin bis um das Cap Barfleur und St. Pierre Eglise ost-wärts Cherbourg verfügte auf 55 km Länge nur über neun Batterien, darunter die berühmt gewordene Batterie von St. Marcouf mit drei 21 cm Geschützen, aus der zuerst der Großangriff in der Nacht zum 6. Juni erkannt und Alarm geschlagen wurde. Nur zwei dieser Geschütze standen unter Beton. Der sonstige Aufbau dieser Strecke war hinter dem südlichen Teil der Cotentinküste zurückgeblieben.

Der Kriegshafen Cherbourg war mit seinen Festungswerken auf dem Stande des 19. Jahrhunderts verblieben. Dieser gut ausgerüstete Seehafen kam in die 1. Dringlichkeit als Verteidigungsbereich, zumal die englischen Häfen Southampton und Portsmouth nur 100 km gegenüber lagen. Die Kriegsmarine nützte geeignete Forts bereits 1940/41 aus, baute nach und nach weitere Batterien vom Cap Lévy 12 km ostwärts bis 11 km westlich Cherbourg ein. Auf der insgesamt 23 km langen Seefront standen zehn Batterien von 10,5 bis 24 cm mit 44 Rohren zur Seeseite hin. In der Batterie Castel Vendon mit 15,2 cm, war eine solche mit 38 cm noch im Bau. Die HKL der 37 km Landfront bekam ab Winter 1943/44 durch Festungspioniere einige Stützpunkte als Verstärkung.

Die westliche Küstenfront der Cotentin bis Cap de la Hague, über Granville weiter bis in die Bucht von St. Michel, verfügte auf 150 km Länge nur über sechs Heeresbatterien von 10,5 bis 20,3 cm, weil hier eine Landung unwahrscheinlich war. Die infanteristische Verteidigung blieb auf wenige feldmäßige Stützpunkte beschränkt.

An der Nordküste der Bretagne war St. Malo Festungsbereich. In felsigen Küstenabschnitten waren einige Hohlgangsysteme im Gange. Die Landseite der HKL konnte durch schwere Kampfanlagen, auch durch angestaute sumpfige Wiesen und ein nasses Kampfwagenhindernis geschützt werden. Die artilleristische Verteidigung lag auf der Ile de Cézembres mit einer 19,4 cm Batterie, auf dem Festland mit drei von 10,5 bis 12,2 cm.

Die Nordküste der Bretagne galt als ziemlich sicher, hatte breite Divisionsabschnitte. Für sie kam überwiegend feldmäßiger, teilweise felsminierter Ausbau und auch Hindernisse zur Ausführung. Paimpol sicherten je eine 21 cm und eine 38 cm Batterie, darüber hinaus standen fünf Batterien von 15,5 cm bis zur Nordwestecke bereit.

Die hervorragenden, befestigten Plätze in der Bretagne waren die U-Stützpunkte. Der von Brest lag in der sturmgeschützten Rade de

Brest, seine Seezufahrt sicherten fünf einbetonierte Batterien von 10,5 bis 28 cm mit 18 Rohren, dazu ein Dutzend der Flak. Für die infanteristische Verteidigung standen schwere Kampfanlagen als geschlossene Stützpunkte zumeist noch im Bau. In der Südweststrecke der Bretagne waren die U-Stützpunkte Lorient und St. Nazaire seewärts gut gesichert, gegen Landangriffe waren festungsmäßige Anlagen nicht fertig geworden. Die nahen Küstenstrecken waren dagegen gegen Teillandungen ziemlich gut beschirmt. Um die davor liegenden Inseln de Groix und Belle-Ile auszubauen, fehlte die Zeit.

Auch der Verteidigungsbereich von La Rochelle mit der U-Bootbasis La Pallice zeigte sich seewärts gut gesichert. Die davor liegende Ile de Ré bekam feldmäßige Stellungen. Mit den landseitigen Verteidigungsanlagen stand es ähnlich wie bei den vorgenannten Stützpunkten, taktische Belange wurden von der Marine anders bedacht als beim Heer. Für Lorient standen sieben Batterien von 7,5 bis 34 cm und 20 der Flak, für St. Nazaire sieben von 7,5 bis 30,5 cm und 15 der Flak gefechtsbereit. La Rochelle hatte zehn mit 7,5 bis 22 cm und zehn Flakbatterien.

Die Einfahrt in die Gironde zum U-Stützpunkt Bordeaux sollte durch den Festungsbereich Royan mit schweren Bauten auf beiden Ufern gedeckt werden, doch der Arbeitsfortschritt kam nicht mit. Die Küste von der Loire bis zur Gironde hatte zumeist nur eine schwache Sicherheitsbesatzung, einzelne Schwerpunkte befanden sich an der Loiremündung, auf der Insel Noirmoutiers, um Les Sables d'Olonne, gering nur auf Ile de Ré und Oleron.

Die wenig besiedelte Küste von der Gironde bis zum Adour mit dem Dünengürtel und den Wasserflächen, den Etanges, bedurfte einer nur schwachen Besetzung. Mit Ausnahme des stärkeren Stützpunktes bei Arcachon zur Sicherung von Bordeaux, genügte eine schwache Besatzung. Am Cap Ferret und bei Arcachon standen Heeresbatterien mit 15,5 cm in Schartenständen. Bis zur spanischen Grenze hin ist die Küste vielfach felsig. Für Biarritz war ein etwas stärkerer, um St. Jean de Luz und Henday ein schwächerer Ausbau erfolgt. Vom Cap Breton bis zur Grenze standen sieben Batterien von 10,5 bis 16,4 cm unter Beton.

Gesamturteil über den
erreichten Ausbau

Der Stabschef des InspLbWest beurteilte den Ausbau hinsichtlich der für eine Großlandung als bedroht angesehenen Küstenfronten als:
In Flandern zur Not ausreichend,
südlich Boulogne bis Sommemündung nur schwach,
an den Ufern der Seinebucht völlig ungenügend,
an der Südwestecke der Bretagne vielleicht gerade noch ausreichend,
an der Küste südlich der Loire völlig unzureichend.
Das Angriffsziel im Juni 1944, die Ostseite der Halbinsel Cotentin, war zuletzt noch verstärkt worden, ohne das Ausbauziel zu erreichen. Es bestanden abwehrbereite Seefronten, gegen Angriffe von der Landseite fehlte der lückenlose festungsmäßige Ausbau. Hitlers Gedankengut reichte nicht so weit anzunehmen, eine Seefestung könne von rückwärts angegriffen werden. Seine, erst auf wiederholtes Drängen des OB West, gegebenen Ausbaubefehle kamen zu spät. Die Lage hätte sich verbessern lassen, wenn Arbeitskräfte und Baustoffe nicht in andere Fehlinvestitionen gelenkt worden wären. Die generelle und klare Linie in der Gesamtplanung fehlte.

Festungsbau an der
französischen Mittelmeerküste

Nach der restlosen Besetzung Frankreichs befahl das OKW im November 1942 den Ausbau der Küste von der spanischen Grenze bis Toulon. Diesen Kriegshafen mit dem Arsenal übernahm die deutsche Kriegsmarine. Die 19. deutsche Armee mit anfänglich vier Divisionen besetzte den westlichen Streifen, drei italienische Divisionen schlossen ab Toulon an.
Für die Verteidigung war feldmäßiger Ausbau angeordnet, der in wichtigen Stützpunkten betonmäßig verstärkt werden mußte, wobei die für den Bau der U-Bootbasis Marseille eingesetzte OT mithelfen sollte. Die

Hauptlast lag demnach bei den Festungspionieren unter Leitung des aus der Ostfront verlegten FestPiKdeur I (Genltn. Eberle, ab 1.2.1944 InspLbWest, gefallen 19.3.1945) mit drei FestPiSt., sieben Abschnittsgruppen und einer Gesteinsbohrkompanie.

Der im Dezember 1942 den Küstenabschnitt erkundende InspLbWest kam zu dem Schluß, daß bei der unübersichtlichen Küstengestaltung, der dünnen Besetzung, den wenigen verfügbaren Arbeitskräften und Baumitteln, nur geringe Ausbaumöglichkeiten bestünden. Obwohl die gesamtoperative Lage eine Landung nicht wahrscheinlich machte, empfahl der InspLbWest doch im Mündungsgebiet der Rhone die Anlage von Rundumstützpunkten, im übrigen Sète als kräftigen Stützpunkt mit Sperrmaßnahmen, die übrige Küste feldmäßig, aber einem Gerippe von betonierten Kampfständen für MG und Pak, auch Mannschaftsunterkünften auszubauen sowie tiefe Minenfelder anzulegen. Ähnlich wurde die Côte d'Azur beurteilt.

Im italienisch besetzten Gebiet ab Toulon wurde zumeist feldmäßig, doch auch in leichter Art betoniert gebaut. Die Truppe war geschickt und wendig für solche Arbeiten. Der Umsturz in Italien im Juni 1943 zwang zur Entwaffnung und Auflösung der italienischen Verbände und Ersatz durch deutsche. Freiwillige bauten als Nichtkombattanten in eigenen Gruppen unter Leitung deutscher Baubataillone weiter.

In rd. 16 Monaten waren am Mittelmeer fertiggestellt oder noch im Bau: rd. 150 Regelbauten für Mannschaftsunterstände, 380 MG, Pak und Geschütze, 15 für Beobachter und 20 für Nachrichten- und Versorgungszwecke. Hinzu kamen 300 Stellungen offen oder in Felskavernen für zumeist erbeutete 7,5 cm Geschütze, nur eine Batterie hatte das Kaliber 34 cm. Mit rd. 87 km galt ein Drittel der Strandhindernisse als fertig.

Bereiche der Nord- und Ostsee

Hier rückten die Kriegshäfen Pillau, Swinemünde, Kiel, Wilhelmshaven und Emden in die erste Dringlichkeit, dazu die Inseln Borkum, Wangerooge, Sylt und Helgoland, dazu Batterien der Marine bei Cuxhaven, Brunsbüttel, Büsum und Eiderstedt. Zuständig waren die Festungsbaudienststellen der Marinekommandos Nordsee in Wilhelmshaven, in

Kiel für die Ostsee. Schon in den zwanziger Jahren waren wegen der Verbindungen zwischen Frankreich und Polen zur Abschirmung französischer Landungen ein Teil der alten Geschützbettungen auf landseitige Feuerwirkung umgestellt worden. Unter Mitwirkung des Heeres war das Moorgebiet zwischen Papenburg und Oldenburg für künstliche Überschwemmungen vorbereitet worden. Für die Ostsee glaubte die Admiralität an geringere Gefährdung aus den bekanntgewordenen eventuellen Absichten aus dem Sicherheitspaket Polens mit Frankreich. Somit blieb es dort bei der Unterhaltung bestehender Festungsanlagen und Batterien. Aus den kaiserlichen Marinebrigaden entstanden um 1920 sechs Küstenwehrabteilungen. Das Personal für den Festungsbau der Marine war bis 1924 fachlich an der Pionierschule des Heeres ausgebildet worden. Einige Pionieroffiziere des Heeres leisteten zeitweise Dienst bei Marinestäben. Mit der Wiederaufrüstung kamen alle neuzeitlichen Bauausführungen für Kampfstände der Artillerie, Feuerleit- und Peilstände, Bereitschafts-, Munitionsräume u.s.f. zur Planung und Ausführung, je nach Dringlichkeit in den Stärken B und A1 der BstB. Wegen der beschränkten Stahlzuteilungen blieb der Bau etwas zurück, so bekam Helgoland einen etwas mäßigeren Ausbau für eine 30,5 cm und 17 cm Batterie und Flakbatterien. Dem wichtigen Flakschutz an der Nordsee galt der Bau von etwa 70 Flakbatterien von Borkum bis Sylt von 8,8 bis 12,6 cm. Viele Marinebatterien mußten schon für den Westwall, dann für den Atlantikwall und Norwegen fast ausnahmslos die Geschütze abgeben. Die Kriegslage von 1944 zwang zu einem neuen Programm auch für die infanteristische Verteidigung in Stützpunkten, es blieb bei dem Vorhaben.

Festungsbau in Skandinavien

Dänemark

Die etwa 450 bis 500 km lange Westküste Jütlands wird überwiegend von Dünen gebildet, an einigen höheren Stellen bestehen Kreideplateaus. Bei 600 km Seeweg von England und den ungünstigen Verhältnissen mit nur Esbjerg als einigermaßen brauchbarem Seehafen, war eine feindliche Landung nicht zu erwarten. Trotzdem wurde diese Küste mit 30 Batterien von Heer und Marine vom Kaliber 10,5 bis 15, einer mit 38 cm bestückt. Schwerpunkte des festungsmäßigen Ausbaues, auch für die Flak, waren die Räume um Esbjerg, die Einfahrt zum Limfjord und die Nordspitze um Skagen. Die Marine bevorzugte die eingeschossige Bauweise, einige Leitstände wurden allerdings bis zu 10 m hoch. Der für Dänemark zuständige FestPiSt. 31 berichtete von 1917 gebauten oder nicht ganz fertigen Regelbauten für Befehls-, Kampf-, Mannschafts- und anderen Unterständen, für die einschließlich der Feldbefestigungen 1 412 000 cbm Beton verbraucht wurden. Die Rohbauarbeiten übernahm die OT mit Bauleitungen der Einsatzgruppe Dänemark. Für feldmäßige Ausführungen in der Art der in der HDV 276 gezeigten Modelle wurden 3500 Anlagen erstellt. Hinzu kamen Hindernisse und Minenfelder. Die stürmische Nordsee spülte inzwischen ganze Batterien frei.

Norwegen

Die gerade Luftlinie vom Nordkap bis Kristiansand an der Südküste beträgt rd. 1650 km, die Küste selbst ist um ein Vielfaches länger, gekennzeichnet durch eine Unzahl langer und unterschiedlich breiter Fjorde, mit tausenden davorliegenden Inseln. Der strategischen Dringlichkeit, der Begründung für die Besetzung Norwegens in ganzer Länge nachzugehen, ist hier nicht der Platz.

Das Heer stellte in Oslo den InspLbNord auf, dem zwei FestPiKdeure mit sieben FestPiST., als achtem der Stab in Dänemark unterstanden. Die OT setzte in Oslo die Einsatzgruppe Wiking mit der Einsatzleitung Polarkreis und den Oberbauleitungen Kirkenes und Alta, der Einsatzleitung in Narvik mit drei Oberbauleitungen ein. Entsprechend dem Landschaftscharakter erstreckte sich das Bauprogramm auf ein- oder mehrgeschossige Küstenbatterien mit Feuerleitständen, auf Felshohlbauten mit Kavernen für Geschütze und Beobachter wie auch auf offene betonierte Geschützbettungen. Einzelne Batterien hatten Quadermauerwerk um die Kanonen, vermutlich, weil Zement fehlte oder Frost das Betonieren verhinderte. Die Hohlgangsysteme und ihre Nahverteidigungsanlagen an den Zugängen mußten häufig mit Beton ausgekleidet werden. Solche Arbeiten führten Gesteinsbohrkompanien des Heeres mit einheimischen Fachkräften aus.

Für den Einsatz der U-Boot-Flottillen waren in Trondheim ein Stützpunkt mit fünf, in Bergen einer mit acht Liegeplätzen in der Baustärke A gebaut worden. Das Schwemmland an den Fjorden und am Ufer des Skagerrak wurde teilweise für feldmäßige Befestigungen ausgenützt. Im gesamten norwegischen Raum dürften etwa 374 Batterien der Marine, des Heeres und für die Flak mit zusammen fast 1700 Rohren fest oder behelfsmäßig eingebaut worden sein, überwiegend bis 15,5 cm, einige mit 21 cm des Heeres, wogegen die Marine zudem 23 Einheiten mit 21 bis 40,6 cm sowie 16 Torpedobatterien bis 53 cm stellte. Das größte Geschütz konnte 56 km weit schießen.

Festungspioniere in Südeuropa

Für diese weiten Fronten, mit Italien anfänglich verbündet, dann verfeindet, Griechenland erobert und besetzt, kann leider nicht ausreichend berichtet werden. Hier fehlen ergiebige Unterlagen. An Italiens Südküsten dürfte erst mit der unsicher werdenden Lage der Afrikaarmee begonnen worden sein, Batteriestellungen auszubauen. Ein Bericht spricht von 256 Geschützständen für Kaliber 7,5 bis 20,3 cm, sicherlich mit Unterständen für Führung, Beobachter und Mannschaften, sofern zeitlich ausführbar. Im Verlauf des Rückzugs halfen, soweit bekannt, Festungspioniere bei feldmäßigen Stellungsbauten und letztlich beim Herrichten ehemals österreichischer Befestigungen im Trentino und ostwärts davon sowie beim Ausbau der »Gotenlinie«. Sie verlief von Viareggio am Tyrehnischen Meer 35 km nördlich des Arno in geradliniger Richtung nach Osten, nördlich am Pistoia vorbei und erreichte südlich von Pesaro die Küste des Adrianischen Meeres.

Der InspLbSüdost führte das Kommando über die Festungspioniere mit drei FestPiKdeuren und sechs FestPiSt., die auch in Griechenland eingesetzt waren. Dort wurde hauptsächlich an der Nordseite von Kreta, am Küstenraum um Athen mit Piräus, Kap Sunion und Ägina, am Golf von Saloniki und auf Lemnos gebaut.

Die Bauarbeiten in Griechenland litten unter dem erschwerten Nachschub aus der Heimat durch den Balkan. Dies führte dazu, daß der feldmäßige Ausbau anstelle des festungsmäßigen vermehrt zum Zuge kam. Die Nachschubstäbe 5 und 6 mit den Festungspionierparks Athen und Saloniki mußten weitgehend Baustoffe aus dem Lande beschaffen. Für die Seetransporte baute eine Werft in Parama einige Dutzend 500 t-Kähne aus Beton. Nach Berichten im Militärarchiv Freiburg waren auch rd. 205 Drucklufterzeuger im Einsatz, woraus zu schließen ist, daß die Felsküsten wesentlich als Hohlganganlagen für Kavernen-Kampfstände ausgenützt wurden. Im Januar 1943 meldete der FestPiKdeur II für Kreta an Bauten:

34 Kampfstände fertig, 34 im Bau
9 Gefechtsstände fertig, 6 im Bau
55 Unterstände fertig, 51 im Bau
7 Beobachtungsstände fertig, 7 im Bau
12 Stollenanlagen fertig, 11 im Bau
36 MG-Ringstände fertig, 18 im Bau
39 Geschützstellungen fertig und
31 000 T- und S-Minen verlegt.

Bis Juli 1943 konnten rd. 30 000 cbm Beton, 58 000 cbm Felsausbruch, 20 km Draht- und 19 km Kampfwagenhindernisse angegeben werden. Im Gesamtbereich dieses FestPiKdeurs sollen zu dieser Zeit 185 000 Landminen verlegt worden sein. Beklagt wurde, Kreter Fischer hätten solche Minen heimlich ausgebaut, um sie beim Fischen zu verwenden. Nach einem weiteren Bericht hatte das Heer auf Kreta 4x21 cm, 90x15,5 cm, 31x10 cm Geschütze, um Saloniki 64x15,5 cm und 16x10 cm feuerbereit. Die Marine stellte auf Kreta 4x15,5 cm und 4x15 cm Batterien, um Saloniki und in der Ägäis 6x15 cm, 9x7,6 cm, 1x7,5 cm und 12x8,8 cm Flak auch für Landziele.

Zum Bereich des FestPiKdeurs II gehörte noch die bulgarische Küste. Für sie nannte er einen nur langsamen Baufortschritt, bis Juni 1943 sollen acht Batterien von 10 bis 22 cm mit zusammen 64 Rohren, vermutlich nur auf Bettungen, mit dazugehörenden Bunkern einsatzbereit gewesen sein.

Ostfront

Hitlers Sorge um Vermeidung eines Zweifrontenkrieges dürfte für den Angriff gegen die Sowjetunion am 22. Juni 1941 wesentlich gewesen sein, nachdem die Absichten Stalins mit dem Aufmarsch der Roten Armeen an der Westgrenze eindeutig erkannt waren. Nicht bekannt waren Stärke und Ausrüstung des Gegners und der Zeitpunkt des Angriffs. Dagegen erfuhren die Sowjets über ihre Spionageorganisation Rote Kapelle allzuviel über den deutschen Aufmarschplan, selbst den Tag des Überfalls. Ahnungslos war die andere Seite zwar nicht, weshalb die gegnerische Front aufgeschreckt wurde, blieb etwas rätselhaft. Mit der angetroffenen Übermacht kam es zu überaus harten Kämpfen, der deutsche Vormarsch erreichte bis zum Herbst eine Linie, die von Leningrad, vor Moskau, über Charkow bis zur Halbinsel Krim verlief. Im zu frühen, strengen Winter 1941/42 gingen eroberte Gebiete wieder verloren, trotzdem war 1942 ein Raum von etwa dem dreifachen des deutschen Reichsgebietes in deutscher Hand, mit einer Länge von rd. 1700 km von der Ostsee bis zum Schwarzen Meer und einer Tiefe bis zu 900 km. Die Ziellinie des Unternehmens Barbarossa sollte sogar von Archangelsk bis Astrachen verlaufen. Nur im Süden schafften deutsche Truppen im August 1942, bis nahe an das Kaspische Meer vorzudringen.

Mit Kriegsbeginn waren die Festungsinspektionen zu Oberbaustäben im Range von Brigadestäben, im Januar 1940 zu Kommandeuren der Bautruppen umbenannt worden, aus denen die Festungspionierkommandeure hervorgingen. Im Ostfeldzug unterstanden sie mit den Baubataillonen, ab 1943 als Baupionierbataillone geführt, den Armeen. Ihre vielseitigen Aufgaben reichten vom Straßen- und Behelfsbrückenbau bis zu Betonarbeiten, kurz bis zu allem, was irgendwie nötig werden konnte.

Die überzogenen Fronten ließen, schon auch wegen des ständigen Wechsels der HKL, kaum an einen feldmäßigen, noch weniger einen schweren, d.h. betonierten Stellungsbau denken. Sinnvoll und ausführbar wäre gewesen, alsbald im Raume der Ausgangslinie vom Juni 1941 an taktischen Schwerpunkten starke Rundumstützpunkte zu bauen. Doch Hitler schien davon zu träumen, seine Armeen könnten den weiten russischen Raum halten und wollte von einem Stellungsbau nichts wissen. Erst im Sommer 1943 scheint er sich anders besonnen zu haben. Reichsminister A. Speer schreibt in seinen »Erinnerungen« vom Führerprotokoll des 8.7.1943, wonach im Osten ab 1944 monatlich etwa 200 000 cbm Beton in sechs bis sieben Monaten verarbeitet werden sollten, um 20 bis 25 km hinter der HKL Defensivstellungen vorzubereiten. Im Oktober 1943 wollte Hitler wiederum nichts von einem Ausbau hinter der Dnjebre-Linie wissen, und als er von einem Auftrag des GFM v. Manstein an die OT erfuhr, der eine Stellung am Bug ausgebaut haben wollte, war er wütend, klagte über Defaitismus. Trotzdem wurden im Generalgouvernement zumindest Brückenköpfe um Tarnow und andere Städte befestigt wie auch Stellungen um Krakau mit Anschluß an die

Hohe Tatra. Für die Pilica-Rawka- und Bzurastellungen und für die Festung Warschau wurden nach einem Bericht der Pioniergenerale Böhringer und Dennerlein vom 26.12.1944 noch 164 fertige und begonnene MG-Ringstände festgestellt. In einer Weichselstellung waren demnach 225 Regelbauten fertig. Im Freiburger Militärarchiv war leider nicht mehr zu erfahren.

Das Näherrücken der Kampfhandlungen forderte für die Festungspioniere, soweit einsatzfähige Einheiten greifbar waren, die Arbeiten an Abwehrmaßnahmen. Oberschlesien und Ostpreußen bedurften vordringlich des Schutzes. Ausführbar waren rasch herstellbare, feldmäßige Anlagen, insbesondere Panzergräben. Kolonnen der OT wie auch RAD-Gruppen schafften die Arbeiten nicht allein, auf Weisung der Partei mußten Männer bis 60 und Frauen, Jünglinge ab 16 Jahren, vorzugsweise solche, die den Parteiorganen mißliebig waren, schippen. Bezahlung gab es nur für Leute der OT. Für das Heimatkriegsgebiet war angeordnet, daß die Kommandeure des Heeres nur bis 20 km hinter der HKL Befehlsgewalt, ansonsten die Gauleiter das Sagen hatten. So blieb nicht aus, daß überhebliche, dafür umso unfähigere Parteichargen nach eigenem Gutdünken Panzergräben an falschen Stellen ausheben ließen. Eine Koordination zwischen Militär und Partei war selten möglich.

In Ostpreußen war vordringlich, den Bereich der Festung Königsberg einigermaßen zu verstärken. Hierzu rechnete auch die Deime-Linie von Labiau am Kurischen Haff bis zum Heilsberger Dreieck mit weiterem Verlauf bis zum Frischen Haff, außerdem die Memel-Inster-Angerapp-Stellung bis zu den Lötzener Linien. So wie in Ostpreußen mußten in Oberschlesien die dort früher kartenmäßig bestimmten Riegelstellungen alsbald vorbereitet werden. Mit der Bevölkerung arbeiteten RAD und OT angestrengt so lange wie möglich. Der strenge Winter verdarb die mühevollen Arbeiten, die Gewässer froren zu, waren keine Hindernisse mehr, und unter Schneeverwehungen verschwanden Erdwerke, ja ganze Linien. Die alten Forts wie auch die neueren Anlagen der Festung Königsberg wurden ab Herbst 1944 weitmöglichst verstärkt, neue Feldstellungen angelegt. Allen Festungswerken fehlten die für West- und Atlantikwall entnommenen Einbauteile, Waffen und Geräte. Für das halbe Dutzend im Festungsbereich zusammengezogener Divisionen bestanden damit nur beschußsichere Unterkünfte. Gekämpft wurde hart, bitter, verbissen um jeden Fußbreit der Stadt. Am 30.1.1945 schlossen die Sowjets den Ring um die Festung, erst nach zehn Wochen war die Lage so aussichtslos, daß General d. I. Lasch die am 9.4. angebotene Kapitulation

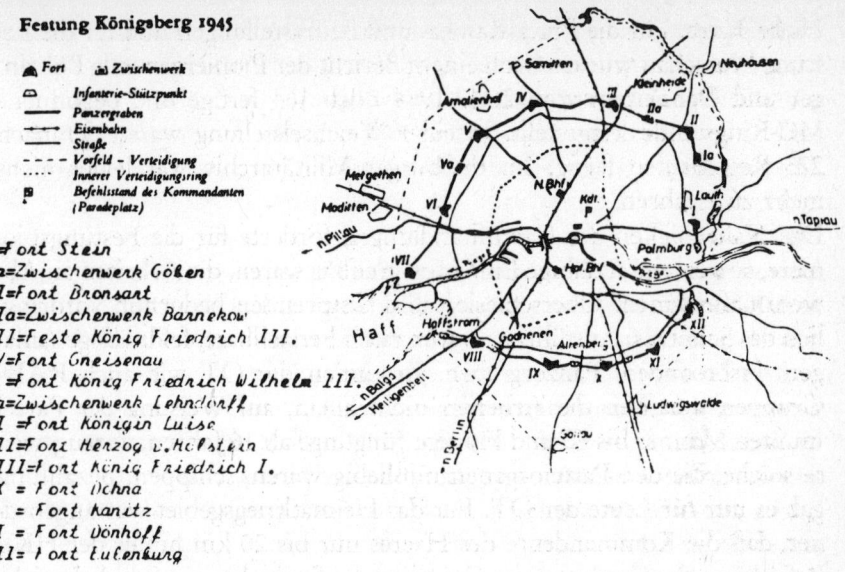

Festung Königsberg 1945

Fort
Zwischenwerk
Infanterie-Stützpunkt
Panzergraben
Eisenbahn
Straße
Vorfeld - Verteidigung
Innerer Verteidigungsring
Befehlsstand des Kommandanten (Paradeplatz)
I=Fort Stein
Ia=Zwischenwerk Gößen
II=Fort Bronsart
IIa=Zwischenwerk Barnekow
III=Feste König Friedrich III.
IV=Fort Gneisenau
V =Fort König Friedrich Wilhelm III.
Va=Zwischenwerk Lehndorff
VI =Fort Königin Luise
VII=Fort Herzog v.Holstein
VIII=Fort König Friedrich I.
IX = Fort Dohna
X = Fort Kanitz
XI = Fort Dönhoff
XII= Fort Eulenburg
Samitten
Neuhausen
Kleinheide
Amalienhof
Metgethen
Moditten
Lauth
n.Tapiau
n.Pillau
Palmburg
Haff
Haffstrom
Godnenen
Altenberg
n.Balga
Heiligenbeil
Ludwigswalde
n.Berlin
Kdt.
N.Bhf
Hpt.Bhf
Pregel

Kampf um Königsberg

Januar bis April 1945 nach O. Lasch und H. Burger

Kurisches Ha
OSTSEE
Cranz
Rauschen
Neukuhren
Wargenau
Bledau
Schaakswitte
Kraxtepellen
Palmnicken
Kumehnen
Medenau
Seerappen
Powayen
Fischhausen
Lochstädt
Neuhausen
Metgethen
Widitten
Seerappen
Knöppelsdorf
Altenberg
Ludwigswalde
Brandenburg
Wittenberg
Hauptkampflinie
eigene Angriffe
russische Angriffe

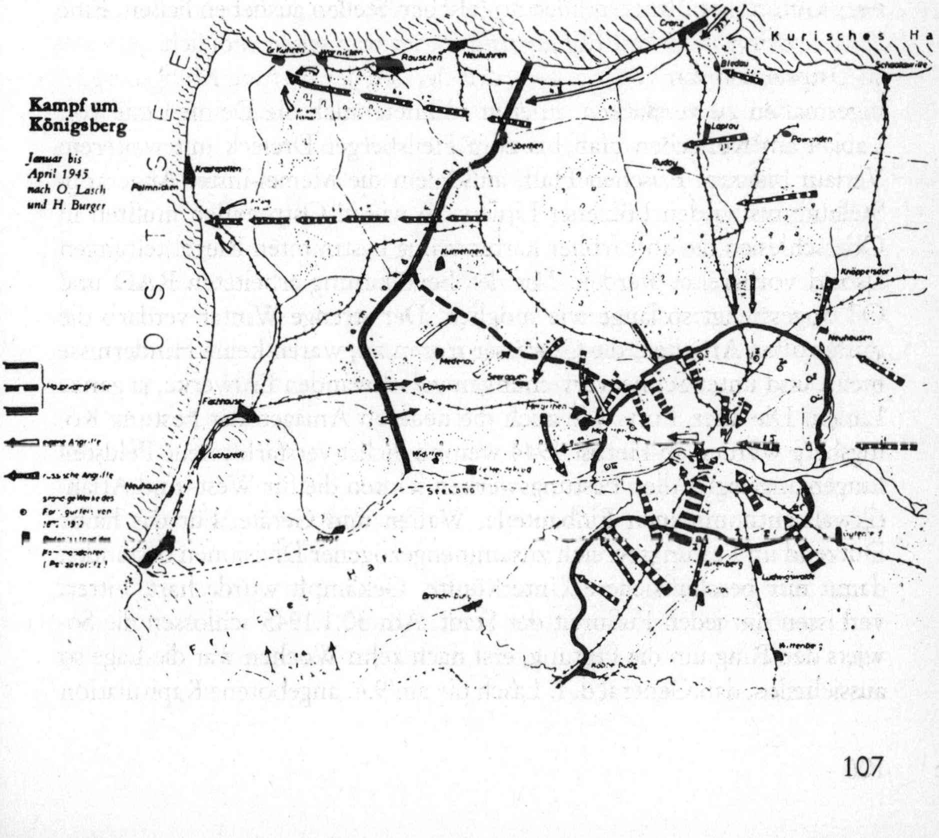

annahm, um wenigstens die Reste seiner Truppen sowie die Bevölkerung zu retten. Hitler dankte dem Kommandanten mit dem Erschießungsbefehl und Sippenhaft für die Familie.

In Pillau und im Samland hielten sich einzelne Truppenteile bis zum 25.4., an der Frischen Nehrung bis zum 9.5. Das Ausharren im Kampfe ermöglichte der Kriegsmarine den Seetransport Tausender von Flüchtlingen.

Ebenso dauernd konnte die schlesische Provinzhauptstadt Breslau bis zum 7.5.1945 verteidigt werden. Im Gegensatz zu Ostpreußen scheinen hier vorausschauende Maßnahmen zur Verstärkung der alten Festung nicht getroffen worden zu sein. Der Kampf um diese Festungsstädte zeigt, wie dort anzutreffende solide erstellte Gebäudekomplexe der alten Bauweise den Verteidigern kräftige Stützpunkte, den Angreifern große Schwierigkeiten bereiten und starke Kräfte binden konnten.

Einen günstigen Augenblick bei Hitler ausnützend, wies der Generalstabschef im OKW, Gen. Oberst Guderian, seinen GendPi Jacob an, das Anlegen von Feldbefestigungen in der Art einer Gürtelfestung um Schneidemühl zu befehlen. Dieser Verkehrsknotenpunkt lag 20 km vor der Pommernstellung, sollte nun ihr Eckpfeiler gegen Südosten werden. Weiterhin war eine Stellung entlang der Netze von Kreuz stromaufwärts verlangt worden.

Nach »Pommern 1945« von Helmut Lindenblatt scheint die Verlängerung der Pommernstellung über Baldenburg bis zur Ostsee ostwärts Köslin vorbereitet worden zu sein. Hier wird auch im Anschluß an den Schneidemühler Gürtel, also ostwärts Deutsch Krone, eine Blücherstellung, die bis Leba an der Ostsee führte, angegeben. Wie an den östlichen Grenzen schafften auch hier zivile Arbeitskolonnen mühevoll und aufopfernd an Feldstellungen, bis der Winter die Arbeiten beenden hieß. Trotz allem hatten die Angreifer Mühe, die deutsche Front in einem raschen Zuge aufzubrechen. Das umzingelte Schneidemühl hielt sich vierzehn Tage bis zum 15.2., erste Angriffe auf Süd-, dann Ostbahnhof von Deutsch Krone wurden angewiesen, am 10.2. war die Stadt in Feindeshand. Neustettin wurde umgangen, erst am 28.2. eingenommen. Der Übergang über die Drage bei der festungsmäßig stark ausgebauten Ortschaft Hochzeit gelang den Sowjets bereits am 28.1., weil die Zündleitung zur Sprengung der Brücke durch Beschuß beschädigt war. Auch hier ermöglichte die hartnäckige Verteidigung der Bevölkerung mitsamt den Trecks aus dem weiteren Osten die verbotene, dann zu spät befohlene Flucht.

Die Alpenfestung

Ob eine Alpenfestung Hitlers eigene Idee war oder vom Tiroler Gauleiter an ihn herangetragen wurde, ist unbestimmt. Auch der Propagandaminister Goebbels scheint am Gedanken eines solchen letzten Rückhaltes mächtig Gefallen gefunden zu haben. General Halder schreibt von einem Hirngespinst Hitlers, auf das selbst urteilsfähige Offiziere hereingefallen wären. In Wirklichkeit war festungsbaumäßig rein gar nichts geschehen oder vorbereitet. Außer den naturgegebenen Möglichkeiten zur Verteidigung, die freilich auszunutzen waren, bestand nichts. Hergerichtet waren einige Stein- und Holzschläge, die an Engpässen wie schon in den napoleonischen Kriegen auf die Straßen abgelassen werden sollten. Hierfür hatten Parteidienststellen den Auftrag gegeben. In die Alpenfront von Salzburg bis zum Bodensee gingen die noch vorhandenen Reste der 1. und 19. Armee zurück. Für längere Verteidigung hätten sie ihre Ausrüstung an Waffen, Munition und Betriebsstoffen ergänzen müssen. Die bestehenden Verpflegungslager hatten Vorräte nur für die dort stationierten Heimatgarnisonen, reichten nicht aus, um die plötzliche Truppenansammlung zu versorgen. Darin war die Kapitulation des Oberbefehlshabers Süd, GFM Kesselring, am 6. Mai 1945 begründet. Weil die Feindseite über die Versorgungsschwierigkeiten nicht im Bilde war, konnte GFM Kesselring durchsetzen, daß seine Verbände als interniert, nicht als gefangen zu behandeln waren. Wegen der Verpflegungslage wurden die reichsdeutschen Truppen schon 20 Tage später in Lager nach Bayern überführt.

Die Alliierten scheinen auf die Propaganda-Ente hereingefallen zu sein, denn General Eisenhower ließ einen Teil seiner Armeen von der oberen Elbe nach Süden schwenken, um die bedrohliche Alpenfestung zu erobern.

Atlantik- und Westwall 1944/45

Den Alliierten gelang die am 5./6. Juni 1944 eingeleitete Invasion auf die normannische Halbinsel Cotentin nicht wie im Zeitplan vorgesehen, obwohl ihre Bomberverbände ununterbrochen ihre schweren Lasten abwarfen, Kriegsschiffe mit Granaten aller Stärken die Stellungen belegten, die deutsche Luftwaffe, längst ausgeschaltet, die anlaufende Flotte ebenso wenig stören konnte wie die zu schwache Kriegsmarine. Erst acht Wochen später, Anfang August, schwiegen dort die Waffen.

Der Atlantikwall bildete aus den schon dargestellten Gründen eine unfertige, lückenhafte und unvollständige Festungslinie. Mut und Beharrungsvermögen der im Kampfraum der Normandie eingesetzten Bunkerbesatzungen und der dort operierenden Truppen machten den abgesprungenen Vorauseinheiten und den angelandeten Feindtruppen reichlich und schwer zu schaffen. Auf deutscher Seite fehlte die den Abwehrkampf unterstützende Luftwaffe, die kaum noch oder überhaupt nicht wirksam eingreifen konnte. Ebenso brachte die Marine von der See her keine ins Gewicht fallende Hilfe. Dazu kam das unsinnige und widerspruchsvolle Hineinbefehlen aus dem fernen ostpreußischen Führerhauptquartier, statt den so erfahrenen Oberbefehlshabern der beiden Heeresgruppen, GFM v. Rundstedt und Rommel, an Ort und Stelle freie Hand zu lassen.

Trotzdem gelang den auf sich allein gestellten deutschen Heeresverbänden, die Invasionstruppen zwei Monate lang in hinhaltenden, wechselvollen Operationen bis zu deren Durchbruch ins französische Hinterland aufzuhalten, nachdem unsere Verluste an Kämpfern und Waffen, vor allem der Kampfpanzer, nicht mehr ersetzt werden konnten. Für die Alliierten war vorteilhaft, daß die weiterreichenden schweren Geschütze der schweren Schiffseinheiten ungestört wirken konnten wie auch ihre Luftwaffe durch schlechtes Wetter selten behindert war, das galt auch für den Nachschub.

Bei Kämpfen um Burgen und Festungen sprach Verrat schon immer mit. Hinsichtlich des Atlantikwalles soll hier nicht der Frage nachgegangen werden, inwieweit Verrat insofern vorlag, als mit der vermutlichen Kenntnis des Angriffstermins für die Truppen nicht rechtzeitig Vollalarm befohlen wurde. Stattdessen war die Gefahrenstufe zurückgesetzt worden. Die Gefahr dann erkennend, weckte die ahnungsvoll wache Truppe den Führungsstab bei OB West.

Erstaunlich war dann festzustellen, wie die Angriffsvorbereitungen der Alliierten mit den in unvorstellbaren Mengen abgeworfenen schweren Bomben mit der Wirkung auf Bunkerbauten die erhoffte Zertrümmerung nicht erreichten. Wie von deutscher Seite nicht anders erwartet, konnten die Kampfstände der Artillerie mit den großen offenen Scharten, ein Duell gegen die Übermacht der viel schwereren Schiffsgeschütze

110

nicht bestehen. Die weniger auffälligen Geschützstände der Feldartillerie überstanden die Feuerprobe zumeist besser, erst recht die in der Regel tiefliegenden und somit gegen Treffer und Sicht mehr geschützten Kampf- und Unterstände der Infanterie.

Die äußerst harten Kämpfe an der Calvadosküste sind am geeignetsten, um die Festungsbauten des Atlantikwalles zu begutachten. Im Auftrage des Inspekteurs der Landesbefestigung West besichtigte sein Referent (Verfasser) für Beton- und Sperrbauten im Juli und bis Anfang August 1944 die Stellungsfront, um über den Zustand der Bauwerke zu berichten. Die Begehung des Küstenabschnittes von Deauville bis Merville dicht ostwärts der Orne-Mündung mußte am 4. August infolge des beginnenden Rückzugs beendet werden. Festzustellen war, daß im wesentlichen die Batteriestellungen für mittlere und größere Kaliber durch massierte Bombenabwürfe und Beschuß aus Kriegsschiffen außer Gefecht gesetzt worden waren. Bei meist klarer Sicht leiteten Artilleriebeobachter das Feuer aus Fesselballonen. Die zu wenigen verfügbaren mittleren und schweren Batterien sollten ja einen möglichst weiten Raum unter Feuer nehmen. Dies zwang zu breiten, also zu übergroßen Scharten, erbrachte die zunehmende Gefährdung durch Volltreffer in die Kampfräume hinein, mit denen Bedienungen und Geschütze außer Gefecht gesetzt wurden. Solche Geschützbunker waren ohne starke Schartenpanzerung nur gegen Bombenabwürfe sicher. Für die feindliche Zielansprache war zudem günstig, daß die Bauwerke solcher Batteriestellungen unbeschüttet und kaum getarnt in der Landschaft standen, also genau auszumachen waren. Dagegen blieben die Stände der leichten Batterien mit ihrem flachen Aufzug im Gelände und bei bereits begrünter Erdbeschüttung in der Regel bis zur Aufgabe der Stellung feuerbereit. Ein Beispiel dafür ist die mehrfach umkämpfte Batterie Merville mit vier 7,5 cm Geschützen. Über das tief verkabelte Fernsprechnetz konnte jeweils Sperrfeuer eigener Batterien zur Abwehr der in den Batterieraum eingedrungenen Engländer angefordert werden. Noch am 3. August hatte der Oberwachtmeister als Batterieführer mit seinen restlichen 35 tapferen Kanonieren drei seiner Geschütze einsatzbereit. Diese Stellung lag frei im Blickfeld der über der Invasionsflotte stehenden Fesselballone, deshalb sollte bei sichtigem Wetter jede Bewegung im Gelände des Stützpunktes vermieden werden. Nach Berichten der Gegenseite war diese Batterie schon vier Wochen zuvor endgültig erobert, was offensichtlich nicht stimmte, aber brav für alle Veröffentlichungen übernommen wurde.

In rein technischer Beziehung ließ sich klar erkennen, daß die Bauwerke allgemein den Anforderungen gemäß der befohlenen Ausbaustärken, überwiegend in B (neu) mit zwei Metern Wand- und Deckenstärken, entsprachen. In diesem Bereich arbeiteten in erster Linie die Festungspionierstäbe mit Baufirmen, so war das genaue Einhalten der Vorschriften der BstB gewährleistet. Schäden durch Bomben waren in nur geringem Maße auszumachen. Gegen Granattreffer in die ungepanzerten Geschützscharten hinein bestand kein Gegenmittel. Die schwersten Schäden wurden bei der 15,5 cm Marinebatterie auf dem Mt. Houlgate festgestellt. Hier hatten massierte Bombenabwürfe und Kanonaden aus schweren Schiffsgeschützen die vollständige Zertrümmerung der gesamten Batterie erreicht. Tiefe Trichter lagen im Batteriebereich. In einem Falle hatte eine ca. 41 cm Granate die Front- und zugleich die Rückwand eines Kampfstandes durchschossen. Wegen des fehlenden Unterschießungsschutzes vor den Scharten waren die Geschütze mit ihren Pivots ausgehoben worden. Diese Batterie stand ohne Beschüttung auf dem Berg und bot ein unfehlbares Ziel. Das glatte Durchschießen der Wände läßt vermuten, daß der Beton noch nicht hart genug war, falls nicht an Zement gespart wurde oder gar Sabotage vorlag.

In taktischer Hinsicht ist nach einer Niederlage leicht zu sagen, dieser Stützpunkt, diese Batterie und dieser Kampfstand hätten anders liegen müssen. Dafür standen andere eben zweckentsprechender. Wer vermag im Voraus zu sagen, so und nicht anders muß die Stellung gebaut werden und aussehen, um einen Angreifer wirkungsvoll abwehren zu können, dessen Vorgehen man nur mit Wahrscheinlichkeitsrechnungen nachvollziehen kann. Der Kampf an der Calvadosküste bewies, daß unsere Anlagen und Stützpunkte zumeist in der Regel folgerichtig lagen, nur waren es zu wenige. Aus Zeit-, Material- und Arbeitskräftemangel fehlten Bunker für Vorräte an Munition und Verpflegung, teilweise auch an Pak-Unterstellräumen.

Die Verteidigung der Cotentin-Halbinsel war um den 10. August endgültig gescheitert. Am 15. August setzte vom Mittelmeer her die zweite Invasion ein, die überraschend schnell gelang. Es folgte der Rückzug der in Südwest- und Südfrankreich stehenden Armeen vorläufig bis zu einer Linie von der oberen Marne bis zur Schweizer Grenze. Die Besatzungen der U-Boot-Basen als Festungen verblieben bis zur Kapitulation wie auch die ganze 319. Inf.Div. auf den britischen Kanalinseln. Hinhaltende Verteidigung ermöglichte, die Alliierten einige Wochen vom Westwall entfernt zu halten. Metz, die alte Festung, wurde vom 17. bis 23. November verteidigt, einige Forts hielten sich noch zwei, drei Wochen. Ein feindlicher Durchstoß nördlich Trier konnte Mitte September zurückgeschlagen werden. Dagegen wurde um den Westwall bei Aachen ab dem 4. September gekämpft, am 13. gelang es dem Feind, sich südlich davon festzusetzen, die Stadt selbst ging am 21. Oktober verloren. Straßburg mußte Ende November aufgegeben werden, doch der Brückenkopf Neuenburg konnte bis zum 10. Februar gehalten werden, die 19. Armee besetzte dann aus dem Elsaß kommend die Werke am Oberrhein. Der Feind stand jetzt vor einem Westwall, der nicht mehr das seitens der Obersten Führung gedachte ernstzunehmende Bollwerk war, denn die Ausbaustärken von 1938/40 waren gegenüber den neuen Waffen der Gegner nicht mehr voll ausreichend, schlimmer aber war, daß die Bauwerke völlig desarmiert und ohne ausgebildete Besatzung waren. Es zeigte sich, wie richtig die ablehnenden Worte des InspLbWest von 1942 waren, als der Befehl zur Abgabe der Werksausstattungen für den Atlantikwall mit der Auflösung des Festungsstammpersonals eintraf.

Wie beim Vormarsch anno 1940 wurden beim Rückzug die Festungspioniere allenthalben zur Verwendung für die Truppe eingesetzt, legten Sperren und Hindernisse, sprengten Brücken. Sie kamen damit für ihre neuerlichen Aufgaben im Westwall verspätet und mit etwa einem Drittel Verlust zurück. Auch der OT war es noch nicht möglich, im bisherigen Umfang tätig zu werden, sie hatte deutsches Personal und ihr ganzes Baugerät eingebüßt. Für die Armierung der Linie waren rd. eine Million Arbeitskräfte errechnet worden, greifbar waren nur 235 000 Mann, einschließlich dem RAD.

Nun sollten auf OKW-Befehl bis zum 20. September 1944 insgesamt 1400 MG in neue Kugelkopfscharten der Panzerungen eingebaut, Festungsgranatwerfer M 19 und solche Flammenwerfer, dazu Munition für alle Waffen und Treibstoffe herangeschafft werden. Hindernisbaustoffe kamen so wie die als Bedarf geforderten 100 000 Panzer- und 127 000 Schützenminen nur mit Verzögerung an. Es fehlte an allem, nur nicht an Angriffen feindlicher Bomber oder Jagdflieger, den Jabos. Unter diesen Umständen muß den Anforderungen an die Festungspioniere, OT und RAD ein prächtiger Optimismus zu Grunde gelegen haben, vielleicht daraus hervorgerufen, daß mit dem im September 1944 in Bad Kreuznach neu aufgestellten Oberkommando Festungsbereich West mit dem Gen.d. Flieger Kitzinger (einst Pionier) als OB mehr geschehen könne. Es entstand aber nur ein Befehlsapparat durch Hereinnahme von Offizieren anderer Waffen, doch die Abteilung des InspLbWest blieb die zweckgebundene führende Kraft. Ein solches Oberkommando für den

Festungsbau wäre für den Bau des West- und erst recht für den Atlantik-wall angezeigt gewesen. Nach Abberufung des Fliegergenerals blieb der InspLbWest mit Genlt. Eberle allein weiterführend. Dieser Inspekteur fiel am 19. März noch einem Tiefffliegerangriff zum Opfer, die Nachfolge trat Genlt. Wollmann an.

Der Befehl des OB West/Gen. Ing./InspLbWest/Ia/IaF vom 16. November 1944 sah für den weiteren Ausbau in den Bereichen der Heeresgruppen B und G von Holland bis Belfort (der deutsche linke Flügel stand damals noch in der Burgunder Pforte) eine zu verbauende Menge von 550 000 cbm Beton vor, wobei der Schwerpunkt bei Geschütz- und Pak-Stellungen lag.

Eine Meldung des InspLbWest vom 30. November 1944 läßt die Gesamtzahl der noch in deutscher Hand befindlichen Bauwerke erkennen:

B-Werke mit MG- und anderen Pz-Türmen	419
MG-Kampfstände mit Pz-Platten u. Betonscharten	1406
Kampfstände der Artillerie	102
Kampfstände für Pak	6
Unterstellräume für Pak	252
Beobachtungsstände, auch behelfsmäßig	555
Gefechtsstände für Infanterie und Artillerie	231
Munitionsräume für Infanterie und Artillerie	82
Mannschaftsunterstände	4909
Sanitätsunterstände	75
Versorgungsstände	33
	zusammen 8070

Eine wesentliche Aufgabe galt dem Bau von kräftigen, den schweren Feindpanzern widerstehenden Straßensperren. Ein auch an die Truppe gerichtetes Preisausschreiben sollte kampferprobte Panzerfahrer zur Mithilfe anregen, um praxisnähere Konstruktionen zu bekommen. Das Ergebnis war wenig befriedigend, wie Versuche an solchen Modellen im Januar 1945 ergaben.

In Verfolgung der Sperrmaßnahmen erging seitens des InspLbWest noch der Befehl, alle Schiffe und Lastkähne des Rheines auf die rechte Seite zu bringen, dort allerdings nur gering fahrunfähig zu machen. Das stellte sich als überflüssig heraus, weil die US-Pioniere eigenes schweres Brückengerät mitführten.

Die mißlungene Ardennen-Offensive im Dezember 1944, dann die mißliche Lage an der Ostfront veranlaßten Hitler, den Rückzug auf den

Westwall im Südteil zuzulassen, zumal wesentliche Teile des Westheeres nach Oberschlesien verlegt werden mußten. Die Alliierten brachen nach und nach den Westwall auf, drangen zum Rhein vor. Am 4. März waren Trier, am 6. Köln, am 10. das linke Rheingebiet von Arnheim bis Koblenz in Feindeshand. Nach Süden hin verzögerte sich der feindliche Vormarsch um nur kurze Zeit. Der längst sinnlos gewordene Kampf dauerte noch zwei Monate bis zur Kapitulation der Heeresgruppe GFM Kesselring am 5., der allgemeinen am 8. Mai 1945.

Der InspLbWest verlegte am 7.3. nach Bad Orb, am 26.3. weiter in den Harz, an den sich im Führerhauptquartier die Hoffnung zu knüpfen schien, als Bastion nochmals einen Halt zu finden. Am 9. April verzog sich dieser Stab südwärts, verkleinerte sich endlich am 15.4. durch Aufstellung einer FestPiAbschnittsgruppe z.b.V. (zuletzt geführt vom Verfasser) mit je zwei Offizieren und FPiBeamten und 40 Unteroffizieren und Mannschaften, die dem FestPiKdeur IV unterstellt wurde, nachher noch ein bißchen Straßensperren baute und sich mangels Sprengstoff darum drücken konnte, Brücken zu sprengen. Für sie endete der Krieg in der »Alpenfestung«.

Kommandostellen, Stäbe und Truppenteile der Festungspioniere

Die genaue Zahl aller Stäbe und Formationen festzustellen wird kaum noch gelingen, weil nicht nur eine Umbenennung, sondern auch Neuaufstellung oder Auflösung für einige Unklarheit sorgten. Der während des Krieges bei OKH/InFest tätige Techn. Oberamtmann (FPi) Eckert nennt in seiner Denkschrift von 1968 anhand einer Kriegsstärkennachweisung als dem GendPi u. Fest im OKW unterstellt:

1 Inspektion der Festungen im OKH (In Fest)
4 Inspekteure der Landesbefestigung (Ost, West, Nord, Südost)
10 Festungspionierkommandeure (1943/44 = 11)
34 Festungspionierstäbe
82 Festungspionierabschnittsgruppen
6 Festungsnachschubstäbe
11 Festungspionierparks mit je 1 Parkkompanie
1 Festungspionier- und Wallmeisterschule.

Für sie hätten Planstellen für 500 FestPiBeamte, 167 FestPi-Ober- und -feldwebel, 196 Wallmeister, Wallfeldwebel und Wallunteroffiziere, zusammen 863, bestanden, von denen etwa 80 Prozent besetzt waren. Hinzu kommen 50 Ingenieuroffiziere, so daß etwa 730 festungsbautechnisch unterschiedlich vorgebildete Fachkräfte verfügbar waren. Aus der Gesamtzahl der Stäbe lassen sich mindestens 1100 dafür eingesetzte Offiziere errechnen, somit ca. 1830 Offizier- und Unteroffizierdienstgrade.

Außer diesen Stäben usw. bestanden eine Festungslehrabteilung, Wehrgeologenstellen, Wehrgeologenlehr- und Gerätestellen, Schutzbereichämter (in der Heimat) und Schwerstlastengeräteparks. Ab 1940 kamen für das Gewinnen von Material aus eingenommenen Festungsbereichen Festungsrückbaustäbe mit Abschnittsgruppen zur Aufstellung. In »Das deutsche Heer 1939-1945« von Wolf Keilig sind für das Feldheer noch genannt 8 Festungspionier-Regimentsstäbe, 49 Festungspionier-(Bau) Bataillone, Einweisungs- und Stellungsbaustäbe.

Für das Koordinieren, Planen und Einrichten der nachrichtentechnischen Baumaßnahmen waren bedarfsweise Festungsnachrichtenstäbe zugeteilt wie z.B. dem InspLbWest die Stäbe 1 in Brüssel und 2 in Paris. Schon vor dem Kriege verfügten einzelne FestPiSt. über Kabelschalttrupps. Als Hilfstruppe darf der RAD, dessen Führerkorps an der Pionierschule ergänzend ausgebildet wurde, nicht übersehen werden. Seine Einheiten halfen bereits 1933 im Osten bei Erdarbeiten mit. Für den Bau des Atlantikwalles führte die RAD-Inspektion F-West mit fünf höheren RAD-Führern und neun Bereitschaftsleitungen die 40 so fleißigen RAD-Gruppen.

Mit Kriegsbeginn waren die Festungsinspektionen in Oberbaustäbe umbenannt worden. Sie führten die Baubataillone. In »Deutsche Pioniere 1939-45« ist für den Mobilmachungsabschnitt 1939/40 eine Gesamtstärke von 426 000 Mann genannt.

Während die Pionierliste von 1932 nur die eine Generalstelle für den Inspekteur der Pioniere und Festungen, GenMj. Hopff, aufwies, standen bei Kriegsbeginn außer dem Inspekteur, Genlt. Jacob, schon sechs weitere Offiziere im Range des Generalsmajors (Dennerlein, Otto, Sachs, Schimpf, Schmetzer, Wollmann). Bis zum Kriegsende lassen sich aus »Die Generäle des Heeres« von Keilig, insgesamt 123 Generale addieren, wobei Generaloberst Jaenecke als Oberbefehlshaber einer Armee die Spitze führt, gefolgt von den fünf Generalen d.Pi. (Förster, Jacob, Kuntze, Sachs und Tiemann). Generalleutnant wurden 47 und Generalmajor 70 Offiziere aus dem gesamten Pionierwesen. Etwa zwei Drittel davon waren in unterschiedlicher Dauer irgendwie mit dem Festungsbau konfrontiert worden. Die frühere österreichische Armee stellte ab 1838 etwa zehn, die estnische einen General. Gefallen oder durch Tieffliegerangriff und Flugzeugabsturz umgekommen waren zehn dieser Kommandeure. Für den Personalbedarf im Mobilmachungsfalle lag vorausschauend ein wesentlicher Unterschied zwischen Offizieren und FestPiBeamten. Als Hitler rief, kamen frühere Berufs- und Reserveoffiziere in so reicher Zahl auch zum Festungsbau, daß alle Dienstposten zwar nach der Zahl, nicht aber fachlich ausreichend besetzt werden konnten, allzu wenige hatten eine vollwertige bautechnische Vorbildung. Mit der 1938 neugeschaffenen Laufbahn des Höheren Technischen Dienstes im Festungsbau war insofern nur einseitig ein Zuwachs, weil nur wenige aus dem 1. Weltkrieg noch eine militärische Grundausbildung und Kampferfahrung mitbrachten, erst gar nicht im Pionierdienst. In acht Wochen mußte das Manko nachgeholt werden. Die alsbald ohne die allgemein vorgeschriebene Laufbahnausbildung und Prüfung zu Reg. Bauräten ernannten Diplom-Ingenieure wurden 1939 zu Ingenieuroffizieren berufen, 1940 vorübergehend zu den Truppenoffizieren überführt. Ihr Nachwuchs bekam zusätzliche Ausbildung im Festungsbaudienst, wobei der Dienstgrad ꞏFeldingenieur im Range des Oberfeldwebel neu aufkam.

Bei den FestPiBeamten bestand kein Reservoir, das im Ernstfalle herbeigerufen werden konnte, nur wenige der kaiserlichen FB-Offiziere waren greifbar, und doch sollten die rd. 160 Stäbe der Festungs- und Baupioniere zumindest einen, wenn nicht mehrere dieser Fachkräfte haben. Bisherige technische Angestellte wie auch technische Beamte ziviler Bauämter füllten in gewissem Maße die Lücken, wurden FestPiBeamte der Reserve. Das Defizit an FestPiBeamten führte 1934 zu dem Verbot, sie bei den Truppenpionieren für die Offizierslaufbahn zurückzuführen. Dies setzte der für sie im OKH/In Fest zuständige Ministerialrat v.d. Heyden mit den Worten durch, FestPiBeamte wären ihm wertvoller als in viel kürzerer Zeit heranzubildende Leutnante. So gesagt März 1934 in Deutsch Krone zu Major Herrmann in Anwesenheit des Verfassers. Den neuen Ingenieuroffizieren erging es aber genau so wie den FestPiBeamten, ihnen blieb der bei Pionier- also Truppenoffizieren rasche Aufstieg in der Regel versagt. Bei den Beamten der Reserve war für eine Beförderung nicht die Leistung, sondern das Lebensalter maßgebend.

Reminiszens und kritische Worte

Der 2. Weltkrieg zog einen Schlußstrich für festungsbauliche Maßnahmen nicht nur in der militärischen Fachwelt, auch bei Leuten, die glaubten, dafür das Wissen zu haben und kundig zu sein. Das ist verständlich aus den Erfahrungen heraus, weil alle Festungslinien auch der Gegenseite mehr oder weniger versagt zu haben schienen. GFM Graf v. Moltke schrieb, daß die Festungen ihre volle Bedeutung erst in Verbindung mit dem Operationsheer erlangten; Napoleon I. sagte, so wie die Kanonen sind auch die Festungen nur Waffen, die ihren Zweck nicht allein erfüllen können, sie müssen richtig angewendet und gehandhabt werden; schon immer galt, die Festung wäre ein totes Gerät, kein lebendiger Faktor, erst Besatzung und Kommandant müßten die Aufgaben erfüllen. Betrachtet man die Vorgänge des 2. Weltkrieges näher, kann den Worten Napoleons I. trotz der gänzlich veränderten Waffen- und Angriffstechnik zugestimmt werden. Die Maginotlinie zeigte sehr wohl ihre Zähne, sie konnte, da nicht bis zum Ärmelkanal hin ausgebaut, umgangen werden. Der Atlantikwall zerbrach an der Calvadosküste, nicht weil die Truppe versagt hatte, sondern weil die Oberste Führung im fernen ostpreußischen Hauptquartier unsachliche Befehle gab.

Nach einer Niederlage ist leicht zu behaupten, Stellungen, Stützpunkte, Batterien, Kampfstände hätten anders liegen müssen. Der Kampf an der Invasionsfront bewies, daß deutsche Stützpunkte und Kampfanlagen in der Regel richtig lagen, nur waren dort zu wenige. Aus Zeit-, Material- und Arbeitermangel fehlten Kampf-, Befehls- und Mannschaftsstände, Pak-Unterstellräume, Bunker für Munition und Vorräte.

Der Westwall zeigte 1939 seinen Wert insofern, als trotz des unfertigen Zustandes und der dort schwachen Divisionen der Polenfeldzug unbehindert ablaufen konnte. Hitlers Befehl für die Desarmierung entwertete 1944/45 dieses Bollwerk. Das gleiche gilt für alle Verteidigungsanlagen entlang der Reichsgrenzen im Osten. Dort kam hinzu, daß während des sowjetischen Vormarsches im Winter 1945 alle Wasserhindernisse vor den Stellungen, selbst Weichsel und Oder so zufroren, daß sie mit schweren Fahrzeugen überschreitbar wurden.

Insgesamt fehlte ein zentraler Oberbefehlshaber höchsten Ranges, der für Heer, Marine, Luftwaffe und OT allein zu bestimmen hatte um deren eigenmächtiges Planen und Bauen zu unterbinden.

Zum Ausklang

Ob in Erdhöhlen oder schon im Gemeinwesen lebend, den Menschen muß für ihre Selbsterhaltung schon früh selbstverständlich geworden sein, die Behausungen abzusichern. Von Anbeginn an scheinen sie nur zum Teil friedlich zu sein und neigten eher zu Habgier, Neid und Totschlag vorprogrammiert zu sein, oder soll die Legende von Kain, der seinen Bruder Abel erschlug, etwas anderes besagen?

Aus frühen Sippen gingen Völker, aus ihnen Staaten hervor, die sich an den Nachbarn irgendwie bereichern, sie vertreiben oder vernichten wollten. Christliche Herrscher zeigten sich in solchem Tun wenig rühmenswert, sie kümmerten sich um die Zehn Gebote Gottes nur, wenn sie in ihre Vorstellungen paßten. Heute streiten kleine und große Diktatoren ebenso wie demokratische Staatsoberhäupter für ihre wirtschaftliche Machtstellung oder um die Durchsetzung angeblicher ideeller Doktrinen. Um die Menschenmasse zu bearbeiten, läuft über die vielen Medien ein Kampf mit Lug und Trug, so daß es schwer fällt auszumachen, wem überhaupt noch zu glauben ist. Das nimmt sich aus wie in alten Zeiten, als einander gegenüberstehende, kampfbereite Führer sich lauthals beschimpften, und wer es am besten konnte, hatte den Sieg mit seinen Heerscharen fast schon auf seiner Seite.

Idealisten forschen nach Ursachen von Kriegen und der Möglichkeit ihrer Verhinderung. Ein Erfolg wäre Glücksache, doch dafür müßten alle Menschen von Geburt an anders erzogen werden.

Festungen gehören heute in den Bereich der Historiker, wenn auch Ausnahmen die Regel bestätigen. Die Population steigt unaufhörlich, im Gleichschritt marschiert die Technik mit. Alles deutet darauf hin, daß aus Gewinnsucht kein Umdenken aufkommen wird. Sollten eines Tages, etwa nach einer nuklearen Katastrophe, ein paar Menschen lebensfähig bleiben, werden sie beim Punkte Null, also in Erdhöhlen, neu beginnen müssen, aus denen nach Jahrtausenden wieder der Festungsbau zur Blüte kommen könnte.

Abkürzungen im Text

AHA	Allgemeines Heeramt im Oberkommando des Heeres
A-Werk	Permanente Festungsanlage für zumeist mehrere Batterien, auch unter Panzerungen
Fb	Festungsbau ...
FPi,FestPi	Festungspioniere ...
FestInsp.	Festungsinspektion
FestPiKeur	Festungspionierkommandeur
FestPiSt.	Festungspionierstab
GenMj.	Generalmajor
Genltn	Generalleutnant
Gen.	General (der Inf., Art., Pioniere)
Genoberst	Generloberst
GFM	Generalfeldmarschall
HKF	Hauptkampffeld
HKL	Hauptkampflinie
In5	Inspektion 5 (Pioniere) bei Chef Heeresleitung
InspLbWest.	Inspekteur der Landesbefestigung West (ab 1940)
InspWestbef.	Inspektion der Westbefestigungen (bis 1939)
I-Raum	Betonierte Anlage für zumeist einen Zug Infanterie
I-Werk	Betonierte Anlage für mindestens eine Kompanie
Mj.	Major
Mob.-	Mobilmachungs ...
OB	Oberbefehlshaber
OKH	Oberkommando des Heeres
OT	Organisation Todt
RAD	Reichsarbeitsdienst
SD	Sicherheitsdienst (Polizei) des Reichsführers SS Himmler
Stopi	Stabsoffizier der Pioniere bei Wehrkreiskommandos bzw. Korps (bei Armeen APiFü, bei Heeresgruppen = General der Pioniere -GendPi-)

Register

121

Cap de la Hague 113
Cap Lévy 113
Castel Vendon 113
Cézembre, Ile 113
Champagne 111
Charkow 121
Cherbourg 88, 90, 113
Claus, Oberst 64
Clausewitz v., Gen.
Cosel 10
Cote d'Azure 116
Cotentin 112-115, 125, 128
Cuxhaven 10, 28, 116

D
DAF (Dt. Arbeitsfront) 108
Dänemark 102, 117, 118
Danzig 10, 43
Deauville 127
Deime-Stellung 44, 122
Den Haag 111
Den Helder 111
Dennerlein, Genlt. 122, 132
Deutsch Krone 46, 124
Diedenhofen 10, 13
Dieppe 97, 111
Dnjebre 121
Dorn, Oberst 85
Dorsch, MinDir. 107
Dönitz, Admiral 96
Drage 44, 124
Dünkirchen 90, 112

E
Eberle, Genlt. 116, 130
Eiderstedt 116
Eilang-Lenze-Stellung 43

Eisenhower, Gen. 125
Emden 116
Entente 9
Entmilit. Zone 28, 52, 54
Esbjerg 117
Etampes 100
Ettlinger Riegel 83

F
Feldingenieur 133
Fb. Feldwebel 30, 31, 132
Fb. Offiziere 25, 30, 133
Fb. Personal 30, 31, 132
Fb. Verwaltung 31, 52
Fb. Schule/Lehrgänge 25, 131
Festungspioniere (allg.) 7, 52,
                                132
Flandern 112, 115
Förster, Gen. 55, 61, 132
Förster v., Oberst 46
Frankfurt/Oder 43
Frankreich 9, 28, 115, 117
Friedrich d. Gr. 24, 57
Frisches Haff 122

G
Geestemünde 10
Gelnhausen 52
Generalgouvernement 121
Genévilliers 100, 102
Gentstellung 28
Geserichsee 44
Gien 99
Gießen 52
Gironde 114
Glatz 10, 28
Glogau 10, 28

Literatur- und Quellenverzeichnis

Below v.: Als Hitlers Adjutant 1937-1945, Haase & Koehler 1980
Förster: Befestigungswesen, Vowinckel 1960
Gemeinschaftsarbeit: Wie das Gesetz es befahl -Weltkrieg 1939-1945, Walsermühl 1954
Gerhardt: Die Geschichte der Festung Königsberg 1257-1945, Holzner
Hart, Lidell: Geschichte des 2. Weltkriegs, Fourier 1970
Heinemann: Frankreich und der Geist des Westfälischen Friedens, Faksimile Verlag, Bremen
Irving: Hitlers Weg zum Krieg, Herbig/Heine 1978
Keilig: Die Generale des Heeres, Podzun-Pallas-Verlag 1983
Lindenblatt: Pommern 1945, Rautenberg-Verlag 1984
Militärarchiv Freiburg: Berichte von Fest.Pi.Dienststellen
Rahn: Reichsmarine und Landesverteidigung 1919-1928, Bernard & Greafe
Rolf: Der Atlantikwall, AMA-Verlag 1983
Saunders: Der verratene Sieg, Druffel 1984
Schäuffelen: Die Bundesfestung Ulm, Vaas 1982
Schneider und Haacke: Das Buch vom Kriege 1914-1918, Langewiesche-Brandt 1933
Seidler: Fritz Todt, Baumeister des Dritten Reiches, Herbig 1986
Speer: Erinnerungen, Ullstein 1969
Stahl: Heereseinteilung 1939, Podzun-Pallas-Verlag 1953
Verfasser: Eigene Unterlagen, Notizen, Zeichnungen, Erinnerungen
Wohlfeil/Dollinger: Die Deutsche Reichswehr 1919-1933, F. Englisch
Zimmermann: Der Atlantikwall, Schild-Verlag 1982
Zentralarchiv Pionierschule und FSH München: Abhandlungen und Dokumente von Augustin, Dorn, Eckert, Krug, Rossmann.

Verzeichnis der Zeichnungen und Karten

Ergänzungsteil der Nachauflage

Offiziere im deutschen Festungsbau

Über Anlagen zum Schutze menschlicher Behausungen ab der letzten Eiszeit bis zu den Festungslinien des 2. Weltkrieges ist viel Literatur in tausendfachem Umfang in Archiven und Bibliotheken zu finden. Freunde der Festungsgeschichte greifen nun auch die Frage nach den Männern auf, die den Fürsten und Staaten als Planer und Baulenker dienten.

Rückblick

Im 14. Jhd. brachte der Domherr Berthold Schwarz mit seinem Schießpulver der Kriegführung eine epochale Neuerung ähnlich wie 600 Jahre später mit den ferngesteuerten Raketen. Die Folge war ein Umdenken im Bau von Verteidigungsanlagen, deren sich namhafte Wissenschaftler, universale Künstler und Baumeister annahmen. Ihre Arbeiten von etwa 1570 bis 1770 muten in ihren sternförmigen Bauweisen heute phantastisch an. Daran planten kriegserfahrene Offiziere wie auch Theoretiker, legten ihre Gedanken in Plänen und Schriften ohne Geheimhaltung nieder. Die Baumanieren gründeten sich auf abgezirkelten Polygonzügen für Fixpunkte der Kontergarden, Hornwerke, Kronwerke,

Ravelines usf. auch reichlich Minengängen. Dies verlangte die Mitarbeit festungsbautechnisch erfahrener Helfer, die über das Handwerkliche hinaus Mathematik und Geodäsie beherrschten. Dafür zeigte auch die Artillerie Interesse, die anstelle des alten Verfahrens mit Winkelmessern in der Art der Markscheidegeräte modernere Meßgeräte forderte.

Aus der umfassenden Darstellung »Festungsbaukunst und Festungsbautechnik, Deutsche Wehrbautechnik vom XV. bis XX. Jahrhundert« von H. Neumann ist über die Ausbildung in der Militärarchitektur eng gefasst zu sagen: Bis in das 18. Jhd. war die Baukunst allgemein durch Architekten und Ingenieure, d.h. mit zünftigen Baumeistern austauschbar. Ihr Wissen und Können bedurfte sehr einer wissenschaftlichen Anhebung. Hieran mangelte es vielfach bei Männern, die sich als Militäringenieure ausgaben, jedoch den Sinn in den Regelmäßigkeiten der neuen Bauepochen nicht begriffen, nach denen die Schußlinien der Geschütze zum Bestreichen aller toten Winkel und Räume stimmen mußten. Für eine gefällige Architektur der Gebäudefassaden, vor allem der Festungstore, sorgten die Fürsten selbst. Die vor 2000 Jahren von dem Römer Vitruv verfaßte Schrift über Architektur, die besagt, ein Ingenieur müsse ein alles umfassendes, geistiges und wissenschaftliches Genie, auch Philosoph und Ästhet sein, dürfte ziemlich vergessen sein.

Kriegs-Militäringenieure

Für uns Deutsche ist zum Verständnis des Werdeganges der Ingenieure und Offiziere im Festungsdienst u.a. die Schrift aus 1866/67 des preußischen Generals Udo v. Bonin als Geschichte des Ingenieurkorps und der Pioniere in Preußen wegweisend. Hier wird gesagt, die vermehrte allgemeine wie auch festungsmäßige Bautätigkeit während der Regierungszeit des Kurfürsten Friedrich III. (1688-1713, ab 1701 König) verlangte nach vielen Ingenieuren. 1693 wurde ein Reglement für Fortifikationsarbeiten erlassen, das sich in Einzelheiten der Baudurchführung ausspricht. Für den Generalstab sollen sechs Ingenieure im Offiziersrang und neun Kondukteure (Ing.-Aspiranten) tätig gewesen sein. Weil ein festes Ingenieurkorps noch nicht bestand, galten sie als Beamte, die für Zivilbauten, Wasserbauten, Meliorationen und Vermessungen vorübergehend unter Vertrag standen. Den Bedarf an Ingenieuren deckten auch Offiziere der Infanterie und Artillerie, doch mußten Erfahrene auch Zivilisten ausbilden. Schon seit dem 16. Jhd. überwogen Italiener, dann Holländer, schließlich Franzosen die brandenburgisch-preußischen Ingenieure, was aus den Folgen des 30-jährigen Krieges erklärlich sein mag. Die frühen Dienstbezeichnungen waren Kriegsbaumeister, Ingenieur und Oberingenieur. Aus der zweiten Hälfte des 17. Jhd. ist ein General-quartiermeister-Lieutnant und ein Ingenieur-Brigadier = Abteilungsleiter bekannt, der im Range als Kapitain und Chef der Ingenieure das Bauen leitete. Im frühen 18. Jhd. erhielten Lieutnants und Kondukteure 15 - 50, Fähnriche 7,5 - 15 Taler jährlich.

Unter König Friedrich Wilhelm I. tritt 1715 der Holländer Walrave als Festungsingenieur in preußische Dienste. Seine Fachkenntnisse, Intelligenz, Schaffenskraft, sein gefälliges Auftreten zu den Königen erbrachte Vertrauen, was sich in raschen Beförderungen bis 1741 zum Generalmajor, zuvor 1724 Erhebung in den Adelsstand ausdrückte. Unbestreitbar war er ein hervorragender Manager, schuf die befohlene Organisation des Ingenieurkorps, bekam 1729 die Oberleitung aller Festungsbauten übertragen. Die 1748 von König Friedrich II. verfügte Dienstenthebung ist nicht auf fachliche Obliegenheiten, sondern auf persönliches Verhalten zurückzuführen. Seine Haft auf der Festung Magdeburg endete mit dem Tode 1773.

Die Liste nach Sitz, Zahl und Namen aller diensttuenden Ingenieure ergab 1728 1 Oberstlieutnant, 5 Majore, 12 Kapitains, 10 Lieutnants und 11 Kondukteure, also 39 solcher Offiziere. Mit Dienstanweisungen an Walrave und die Festungsgouverneure wurde der feste Aufbau des Ingenieurkorps geschaffen. Untersagt wurde den Ingenieuren, nicht gleichzeitig Baumeister für die Kammer zu sein, also Trennung in Militär- und Zivilverwaltung. 1736 wurden Ingenieure nach anderen Standorten versetzt, um das Land kennenzulernen, an einem Ort nicht seßhaft zu werden. Seit Mitte des 17. Jhd. vermarkten die Ingenieure die Grenzen zwischen fürstlichem und privatem Grundbesitz, hundert Jahre später entstehen die ersten topographischen Landkarten, deren Aufnahmen infolge der Kriege ruhen, aber Ende des 18. Jhd. von den Ingenieurtopographen fortgesetzt werden.

Bis 1740, dem Dienstantritt Friedrichs II., stieg das Ingenieurkorps auf 45 Offiziere an, die für 26 Festungen und befestigte Orte ausreichen mußten. Die alsbald folgenden Kriege gegen Österreich ließen dem König wenig Zeit, sich um die Ausbildung seines Ingenieurkorps zu bekümmern, das nun auch wie Husaren Bürgerliche als Offiziere aufnehmen durfte. Die 1747 angeordnete Versetzung von Offizieren der Infanterie und Kavallerie zu den Ingenieuren, Pionieren und Husaren sollte eine Diskrepanz im Ansehen unterbinden, auch folgte bessere Besoldung mit 700 Talern für den Oberstleutenant, 500 für den Major, 360 als Kapitain und 150 als Lieutenant jährlich.

Ingenieurausbildung, Akademien, Schulen §

Für die wissenschaftliche militärische Ausbildung können im deutschen Raume in Reihenfolge der ersten Gründungen folgende Jahre genannt werden: Bayern 1703, 1711, 1776, 1857; Sachsen 1705, 1742, 1782; Hannover 1705, 1732, 1782; Österreich 1717, 1811, 1900 und Württemberg 1770. Preußen folgte erst 1775 mit einer Schule für Offiziere und Zivilisten, die ein Professor Marson leitete. Ihr folgte 1778 die Ecole du Génie in Art der württembergischen Hohen Karlsschule.

Die in zwei Klassen laufenden vierjährigen Kurse mußten 1806 aufgegeben werden, doch entstand schon 1807 neu die Allgemeine Militärakademie für Ingenieure und Artilleristen in Berlin, die wegen unbefriedigenden Erfolges 1813 eingestellt wurde. Mit der 1816 den Lehrbetrieb aufnehmenden Vereinigten Artillerie- und Ingenieurschule erhielt Preußen endlich ein Institut, das 87 Jahre lang kontinuierlich arbeiten konnte. Die Lehrpläne wiesen Mathematik, Physik, Chemie, militärisches Zeichnen, Festungskrieg, Geschichte, Geographie, deutsch und französisch

§: Aus Geschichte der deutschen Pionierschulen und ihrer Vorläufer von OTL d.R.a.D./ Reg.Dir.a.D. Friedrich Masch in »Pioniere« Nr. 4/84, 2 u. 4/85,1 u. 2/86.

aus, erweitert durch Besuch von Vorlesungen einschlägiger Disziplinen an der Berliner Bauakademie. Die zweijährigen Kurse konnten um ein drittes Jahr als Hospitant an der Bauakademie verlängert werden. Die zuerst nach dem Besuch dieser Schule übliche Prüfung zum Portepée-fähnrich wurde 1837 nach neunmonatigem Truppendienst vor dem Kommando angeordnet. An Ingenieuroffizier-Anwärter sollen 1842 höhere Anforderungen gestellt worden sein als für andere Gattungen. Die preußische Heeresreform von 1859 erbrachte für Pioniere und Ingenieu-re eine 33prozentige Vermehrung, daraus als Folge, daß Lehrpläne und Schuldauer gekürzt werden mußten, um schneller etatsmäßige Leutnants für den Frontdienst zu bekommen. Kriegsbedingt ruhte der Lehr-betrieb 1866 und 1870 - 72.

1876 zog die Schule nach Berlin-Charlottenburg. Die Trennung in Feld- und Fußartillerie (der Festungen) wie auch zwischen Pionieren und Inge-nieuren brachte Änderungen in deren Kursen und Lehrplänen des ersten Jahres. So kam 1902 der einjährige Lehrgang für Pioniere, dem 1904 ein solcher für Ingenieure folgte. Entsprechend zeitgemäßer Anforderungen wurde 1903 in den bisherigen Räumen die selbständige militärische Hochschule für Technik, die Militärische Akademie (MTA) eingerich-tet. Hier sollten nicht nur Offiziere des Ingenieur- und Pionierkorps und der Fußartillerie, sondern solche aller Waffengattungen sich im Waffen-(W), Ingenieur-(I) und Verkehrswesen (V) wissenschaftlich bil-den können. Für diese drei Abteilungen W, I und V bestanden vier Lehr-stufen von je einem Jahr, die zumeist mit zwei Jahren endeten, für höhe-res Wissen mit der 3. und 4. Stufe weitergeführt werden konnten, wobei die Teilnahme an Vorlesungen bei der Technischen Hochschule oder Universität gestattet war. Wie zuvor mit der Vereinigten Artillerie- und Ingenieurschule für Offiziere der Artillerie, Pioniere und Ingenieure, war hier die Ausbildung für Offiziere des Verkehrswesens gegeben, zu-mal der militärische Eisenbahnbetrieb, die Telegraphie und die Versuche mit Luftballons damals bei den Pionieren lagen.

Speziell für den Bedarf der Fortifikationen nahm 1886 in Berlin-Charlot-tenburg die Festungsbauschule den Betrieb auf. Sie diente der Ausbil-dung für das Personal der Geschäftszimmer, vorwiegend dem bautechni-schen Dienst in den Festungen. Zugelassen wurden ausgesuchte Pionier-unteroffiziere mit der mittleren Reife nach Eignungsprüfung. Die 1 3/4 Jahre dauernden Lehrgänge umfassten Baukonstruktionslehre, Baume-chanik, Bauzeichnen, Maschinenkunde, Mathematik, Geländeaufnehmen, Kartenzeichnen, Festungskunde, Bauführung, Bauunterhaltung. Nach dem Examen traten die Absolventen zu ihrem Stammbataillon zurück, sofern sie nicht zusätzlich in Trigonometrie oder Elektrotechnik auszubilden waren. Sie wurden alsbald bei den Fortifikationen Festungsbauwarte, einer Beamtenlaufbahn mit vier Stufen, bildeten den Grundstock für die späteren Festungsbauoffiziere (FbO). Ab 1907 war diese Schule allein für die Ausbildung von Festungsbauoffizieren zuständig. Dafür wurde der Lehrplan erweitert, dem Fortschritt der Technik angepaßt, nicht ohne Erziehung zum Offizier. Nach der jetzt zweijährigen Schulzeit mit der erfolgreichen Abschlußprüfung folgte die Beförderung zum Festungsbaufeldwebel als Offiziersanwärter, der bald die zum Fb-Leutnant folgte.

Bis 1907 diente die Festungsbauschule auch der Ausbildung von Pionierunteroffizieren zu Wallmeistern (Portepée-Feldwebel), die in zehnmonatigen Kursen vor allem Ausführung, Aufsicht in der Bauunterhaltung, Abrechnung und Verwaltung erlernen mußten. Mit der Verlegung der Lehrgänge nach Straßburg konnte praxisnäher verfahren werden. Die wohl älteste Fachbezeichnung im Festungsbau, der Wallmeister, bringt mit dem Attribut Meister den Unwissenden einen gehobeneren Stand als der Festungsbaufeldwebel, doch für Letzteren wurden eine höhere Schulbildung und ebenso eine weitgreifende Fachbildung verlangt. Intern nannte man die Fb-Feldwebel analog der Truppe Festungsbau-Fähnriche.

Beamte und Unterbedienstete
im Festungsbau

Aus der Schrift des Generals v. Bonin erfährt man von Beamten und »Bedienten«, die anfänglich von leitenden Ingenieuren nach Bedarf angestellt und aus dem Baufond bezahlt wurden. Als Beamte galten wohl Rendanten, Wallmeister und Aufseher mit jährlichen Gehältern von 400 bis 40 Talern, nicht Mineure, Wallpacker und Wallknechte. Der preußische Etat von 1790 zeigt als monatliche Vergütung für Bauschreiber 12-15, Wallmeister 6-12, Wallpacker 3-6 und für Gefangenenaufseher 4-5 Taler. Im Festungsdienst sollen 1813 113 Unterbeamte in Dienst gestanden sein. Der Mangel an Nachwuchs bei den Wallmeistern wurde durch befähigte Pionierunteroffiziere gedeckt, die nach Eignungsprüfung, Vereidigung und mit Dienstanweisung diese Stellen besetzten.

Festungsbaumajor a.D. Draeger schrieb 1925 in der Zeitschrift »Das Festungsbaukorps« über Umbenennungen der in den Fortifikationen tätigen Beamten. Danach gab es nach 1870 Festungsinspektions-Sekretäre, Fortifikations-Sekretäre und Büroassistenten, die schließlich zur Unterstützung der Ingenieuroffiziere im Baudienst einspringen mußten. Daraus ergab sich 1885 eine Neuorganisation für dieses Personal, worin das Kriegsministerium ein Festungsbau-Offizierskorps in Aussicht stellte, das die Ingenieuroffiziere ablehnten. Der Etat von 1890 zeigt dann 19 + 19 Festungsoberbauwarte 1. und 2. Klasse, ebenso 47 + 46 Festungsbauwarte, 117 + 85 Wallmeister mit höherem und niederem Gehalt. Das Anfangsgehalt des Bauwartes stand bei 1400 Mark jährlich.

Der technische Amtmann (FestPi) Heckmann, einst Festungsbauleutnant, wußte, wie nach 17 Jahren die Bauwarte endlich ans Ziel kamen: Offiziere der Festungsartillerie setzten sich in Anlehnung an die bereits zu Feuerwerk- und Zeugoffizieren aufgestiegenen Hilfskräfte tatkräftig für die inzwischen bildungsmäßig reifen Bauwarte ein. Das Jahr 1902 brachte die schrittweisen Beförderungen zu Festungsbauleutnanten und -Oberleutnanten, 1905 gefolgt zu Hauptmännern. Auf Beschwerden der FbO, daß sie im 1. Weltkriege nicht wie die in gleicher Weise eingesetzten Ingenieuroffiziere befördert werden, stiegen 1917 Oberleutnante zu Hauptmännern auf, doch ohne Gehaltsanhebung, solche wiederum zum Fb-Major, aber ohne Patent, nur charakterisiert. Von den wenigen FbO, die der Laufbahn treu blieben, erreichten zwei im OKH/In 5 und Wa-Prüf.5 den Ministerialrat, bei den Zeugoffizieren der Artillerie drei den Generalmajor.

Der Personalstand

Die preußische Armee verfügte um 1700 über 15, 1728 39, 1740 45 und 1787 61 Ingenieure. Vor dem Kriege von 1806 waren es 5 Generalmajore, 11 Majore, 10 Kapitains, 12 Stabskapitains, 35 Lieutenants und 7 Eleven, also 80 Offiziere, die 1810 auf 60 schrumpften. Die Heeresvermehrungen des 19. Jhd. erbrachten mehr Pionierbataillone, dazu kam verstärkter Festungsbau vor allem im Westen, somit höherer Bedarf an Offizieren, die zudem zwischen Festungs- und Feldpionierbataillonen für eine gegenseitige Ausbildung auszuwechseln waren. Vor dem 1. Weltkrieg standen im Reich ohne Bayern 31 Pionierbataillone und 36 Festungen, wofür mit den höheren Stäben und Schulen etwa 1200 Offiziere im Dienst standen; für Bayern etwa 100. Hinzu kamen aus dem Korps der FbO 102 Hauptleute, 142 Ober- und Leutnants, 104 Fb-Feldwebel als geprüfte Offizieranwärter = 348 Dienstgrade, mit Bayern wie vor 6 + 6 + 8 insgesamt 368 im Festungsbaukorps.

Der Vertrag von Versailles gestattete dem 100.000-Mann-Heer 4.000 Offizierstellen, von denen nach der Pionierliste 1932 insgesamt 162 auf die Pioniere entfielen, daraus wiederum etwa 35 auf Stäbe im Festungsdienst. Auf die Festungsbau-, ab 1936 Festungspionierbeamten kamen bei 71 Planstellen 6 auf das Reichswehrministerium und 65 auf Stopis und Festungsbauverwaltungen. Die Aufrüstung brachte ab 1933 für den vermehrten Bedarf im Festungswesen (s. Übersicht S. 33 vorne) bis 1938 rd. 250 Stellen für Pionieroffiziere und 350 für Festungspionierbeamte, zu denen einige Stellen für Offiziere des Generalstabes, der Infanterie, Artillerie und der Nachrichten kamen.

Für 1944 nennt die Kriegsstärkennachweisung für Fest.Pi.Beamte und Ing-Offiziere insgesamt 863 Planstellen, die nur zu 80 % besetzt waren. Die Gesamtzahl der Pionier-Offiziere dürfte mindestens 1100 betragen haben (s.S. 131/132 vorne).

Reichswehr und Wehrmacht

Das Diktat von Versailles gestattete anstelle der früheren militärischen Akademien nur je eine Waffenschule für Infanterie, Artillerie, Kavallerie und Pioniere. Ersatz für die MTA wurde die Pionierschule in München, die 1920 zuerst den sechsmonatigen Unterricht für 5 Fähnriche aufnahm. Lehrfächer waren Taktik, Kriegsgeschichte, Waffenlehre, Befestigungslehre, Eisenbahn- und Brückenbau, Verkehrs- und Nachrichtenwesen, Feldpionierdienst, technisches Zeichnen, Heerwesen, Mathematik, Physik, Chemie, Baukonstruktions-, Maschinen-, Vermessungskunde, Gesundheitsdienst, Bürgerkunde, Sport und Reiten. Ein bißchen viel für 6 Monate! 1921 kamen Offizierlehrgänge von 4 Monaten in Art der MTA für je 7 Teilnehmer hinzu. 1922 folgte der 1. Festungsbaulehrgang zur Ausbildung von 7 Unteroffizieren auch anderer Waffen zu Fb-Beamten in 2 1/2 Jahren. Wie schon der 2., bekam der 3. Lehrgang 1927-30 nur Pioniere als Schüler, die dann zumindest die mittlere Reife hatten. Mit diesem war der Lehrplan voll dem der zivilen HTL für den Tiefbau angeglichen, dauerte drei Jahre. Den drei mit »gut bestandenen« Examinanten wurde durch den Kommandeur der Pionierschule der Besuch der TH Charlottenburg nach ihrer Baupraxis in Aussicht gestellt, was der Bauboom im Festungsbau ab 1933 verhinderte. Wie zu Kaisers Zeiten kam die Ernennung zum Fb.-Feldwebel, doch statt Offiziers- nun als Beamtenanwärter.

Die Aufrüstung von 1933/34 erbrachte die nun geheimen erhöhten Stellenpläne für Offiziere und Beamte. Daraufhin wurden etwa 30 schon 1918 ausgeschiedene Fb.-Feldwebel und Wallmeister sowie Fb.-Schüler der Nachkriegszeit, auch schon des 3. Lehrganges, im Februar 1934 für den gehobenen Festungsbaudienst nach den Bestimmungen des Reichsministers des Innern geprüft, bei Bestehen mit dem 15.2.1934 zu Technischen Inspektoren ernannt. Im März 1934 ordnete das OKH an, daß solche Fb.-Beamte nicht als Offiziere zur Pioniertruppe zurück dürfen, weil deren Ausbildung zu lange dauere.
Die mittlere Laufbahn für den Festungspionierdienst ergänzte sich eben-

falls aus Pionieren, die anfänglich bei den Festungsbauverwaltungen ausgebildet wurden, doch ab 1938 begannen an der Pionierschule Berlin-Karlshorst zehnmonatige Lehrgänge mit einheitlicher Ausbildung. Die bisherigen Wallmeister wurden Wallunteroffiziere/Feldwebel. Nach zwölfjährigem Dienst folgte Prüfung für den Beamtendienst als Wallmeister, die nach 18 Jahren Gesamtzeit zum Oberwallmeister führen sollte. Nach Schilderung der Berufsgänge der Ingenieur-, Pionier- und FbO aus der Zeit vor dem 1. Weltkrieg erscheint die Frage nach der bautechnischen Ausbildung der Pionieroffiziere der Reichswehr/Wehrmacht sinnvoll. Von den 1920 Übernommenen waren nach der Pionierliste 1932 noch 39, die einst auf der MTA waren. Den späteren Offizieren fehlte eine solche Ausbildung. Dafür folgte ab 1927 ein nun neunmonatiger bautechnischer Lehrgang. Einige Offiziere bekamen das Studium an der TH Charlottenburg, erreichten mit dem Diplom-Ingenieur ein verbessertes Rangdienstalter. Bei den älteren reaktivierten Offizieren war die auf der MTA erlernte Technik zumeist vergessen, von den Reserveoffizieren des Weltkrieges hatten nur wenige eine TH oder HTL besucht, die meisten kamen aus fachfremden Berufen. Alle wurden in Kurzlehrgängen an der Pionierschule in die Technik des Festungsbaues, in das Heeres- und Waffenwesen eingeführt, was zum Aufstieg vom Leutnant bis zum Oberst ausreichen konnte. So rasch ging es bei dem 1939 aufgestellten Ingenieur-Offizierskorps nicht, nur 12 mit entsprechender Vordienstzeit erreichten den Oberstleutnant und Oberst, die restlichen 38 wurden, obgleich zumeist ohne Referendarzeit und Prüfung, zuerst zu Rg.Bauräten, ab 1939 zu Ing.-Offizieren im Hauptmannsrang, bald durchwegs zu Majoren ernannt, blieben dies bis 1945. Dabei sprach vermutlich mit, daß außer den acht Wochen Grundwehrdienst die gründliche Ausbildung fehlte.

Worüber die FbO im 1. Weltkriege klagten, trat 30 Jahre später bei ihren Nachfolgern ebenso ein. Trotz gleicher Verwendung, gleichem Einsatz, blieben die Beamten auf ihrem Range von 1939 stehen, sahen, wie am Tisch gegenüber sitzende Offiziere wiederholt befördert wurden, dabei war bekannt, daß Beförderungsstellen ausreichend für alle vorhanden waren. Der ihm vorgebrachte Unmut veranlaßte 1942 den Inspekteur der Pioniere und Festungen im OKH/OKW, General d.Pi.Jacob, zu einem Vorstoß im Heeresverwaltungsamt, doch die Vorbehalte für vorgezogene Beförderungen waren kaum erfüllbar. So stieg bei den techn. Oberinspektoren nur einer zum techn.Amtmann (FPi) auf. Bei den Beamten der Reserve spielte allein das Lebensalter eine Rolle, gleichgültig, welche positiven Gründe vorlagen.

Über die Einführung des höheren technischen Baudienstes in der Festungsbauverwaltung bestanden unterschiedliche Ansichten. Soweit erinnerlich zeigten die Kommandeure nicht viel Freude, zumal sie die gute Zusammenarbeit mit ihren Beamten des gehobenen Dienstes anerkannten, von denen vor allem die jüngeren als Bauingenieure die anfallenden schwierigen Arbeiten schafften. Die Fest.Pi.Beamten aber mußten dann einen Teil ihrer bisherigen Aufgaben abgeben. Schon deren Vorgänger, die Bauwarte und FbO planten und führten u.a. in Diedenhofen, Metz, Straßburg, Mutzig, auf dem Isteiner Klotz stattliche Festungsbauten einschl. der Maschinen- und Elektroanlagen in einem Umfang aus, der die betonierten Bunkerlinien samt deren starken B-Werke übertraf. Für besondere Projekte wie Hohlganganlagen oder Feuerleitsysteme wurden Fachingenieure verpflichtet. Den nun hinzu gekommenen Diplom-Ingenieuren ging aber alles das ab, was auf Hochschulen nicht gelehrt werden kann: Das, was der Pionier von der Picke auf zu Wasser und zu Lande erlernt. Die Begründung für die höhere Ingenieurlaufbahn lag darin, daß viele durch Schließung der Heeresfachschulen freigewordenen Lehrkräfte untergebracht werden mußten§.

Ab 1933 wurden qualifizierte Feldwebel der Truppe Offiziere, 1944 folgten die Zahlmeister mit ihrem Truppensonderdienst. Den Fest.Pi.Beamten mit der Ingenieurausbildung wurde dies versagt, dabei waren ihr Herkommen, ihre Schulbildung keineswegs geringer. Auch brachte das Heer kein versammeltes Ingenieurkorps für die unterschiedliche Ausbildung zustande, wie bei der Luftwaffe eingeführt, mit Aufstieg entsprechend der Leistung. Für den Ersatz an Pionieroffizieren wurden dann 1943/45 FPi-Amtmänner gesucht, die zu einem Bataillonsführer-Lehrgang kommandiert werden sollten (z.B. der Autor).

§: Nach Aussage Bauassessor Linn, Neffe des im Heeresverwaltungsamt zuständigen Beamten Ph.Linn (zuletzt Gen.Ltn (Ing)) zum Autor 1934.

(Seite 3 des Reifezeugnisses/vom 14.8.1930)

Einzelnoten:

1. Mathematik . . . . " gut "
2. Darstellende Geometrie . . . . " sehr gut "
3. Naturlehre (Physik und Chemie) . . . " gut "
4. Baustofflehre und Geologie . . . . . " gut "
5. Technische Mechanik . . . . " gut "
6. Erd- und Eisenbahnbau . . . . " gut "
7. Straßen- und Städtischer Tiefbau . . " gut "
8. Wasserbau, Hydraulik und Kulturbau . " gut "
9. Grundbau und Brückenbau . . . . . " gut "
10. Eisenbau und Eisenbetonbau . . . . " gut "
11. Baukonstruktionslehre und Zeichnen . . " gut "
12. Feldmessen und Planzeichnen . . . . " sehr gut "
13. Baubetriebslehre . . . . " gut "
14. Maschinenkunde und Elektrotechnik . . " fast gut "
15. Staatsbürgerkunde . . . . " gut "
16. Kurzschrift und Maschinenschreiben . . " gut "
17. Heerwesen und Verwaltungsdienst . . " gut "
18. Befestigungswesen . . . . " sehr gut "
19. Fortifikatorischer Baubetrieb . . . . " gut "
20. Transportwesen . . . . " gut "
21. Leibesübungen . . . . " gut "

Ordnungsnummer 3 unter 14 Schülern.

Notenstufen: sehr gut (1), gut (2), fast gut (3), genügend (4), nicht genügend (5).

Sehr geehrte Leser!
Leider haben sich in den Text des Buches einige Fehler eingeschlichen. Die nun herausgebrachte Nachauflage nehmen wir zum Anlaß, Ihnen die Korrekturen in dieser Form als auch die Ergänzungen zur Kenntnis zu geben. Für Ihr Verständnis danken wir ihnen.
November 1993   Autor und Verlag

Korrekturen im Text

S. 35:   3. Absatz, 4. Zeile: nach (BstB) **HDV 317**
         3. Absatz, 3. Zeile von unten ändern in 5 nach oben,
                                                              15 nach unten.
S. 63:   5. Zeile von unten: **»ihrem Chef«** entfällt.
S. 80:   unteres Bild statt Vigo/Skagerrakküste: **in obigem Stützpunkt.**
S. 94:   3. Zeile von oben und S. 100, 2. Absatz, 7. Zeile **15** statt **17.**
S. 124: 8. Zeile von unten, es muß heißen: **abgewiesen.**
S. 131: 8. Zeile von oben: **6.**
S. 133: 2. Zeile von oben: **1938.**

Ergänzungen

Ergänzung zu S. 46, 2. Absatz

Die Zeitschrift der Deutschen Gesellschaft für Festungsforschung bringt 1988 den Artikel »Pommernstellung, die Werkgruppe Ziegelei in Deutsch Krone (Walcz)« von Janusz Miniewicz. Maßgerechte Zeichnungen einzelner Bauwerke lassen den verstärkten Ausbau der Pommernstellung bis 1938/39 erkennen, der ähnlich an anderen strategisch wichtigen Punkten erfolgte. Die o.g. Werkgruppe liegt auf einer hügeligen Fläche südostw. des Ostbahnhofes, mit 1200 m Breite und 250 m Tiefe, hatte ein B-Werk mit Hohlgängen zu nahen Anlagen, 5 MG-Scharten-, 2 Beobachtungsstände, 1 Unterstand und 1 Pak-U-Raum, zumeist Stärke B1, teils in B. Feldmäßige Anlagen ergänzten den Stützpunkt. Der 500 m breite Raum zwischen Schloßsee und Stadtsee am westlichen Stadtrand war mit 5 MG-Schartenständen gesichert.

Ergänzung zu S. 50/52

Bauwerke in der Neckar-Enz-Stellung:

MG-Scharten- und Doppelschartenstände in C, B1 und B	280
MG-Stände mit 3- und 6-Schartentürmen	28
Unterstände für Führung, Gruppen und Pak-U-Räume	50
Beob. Stände mit Pz-Türmen 21 für Inf., 7 für Art.	28
Verstärkungsbauten und Scheinanlagen bis 1938	64

zus. 450

Kosten, Richtwerte in RM:
Gruppenunterstand 21.000, MG-Schartenstand 25.000, mit 3-Schartenturm 50.000, Art. Beobachtungsstand 83.000, jeweils mit Panzerungen. MG-Schartenplatte B1, 7P7 (100 mm) 3.500, Art.Beob.Turm B1, 44P8 (bis 160 mm) 31.250.
Die Bauten der Wetterau-Main-Tauberstellung waren ähnlich, die Pforte des Kinzigtales vorwärts Gelnhausen war verstärkt, zeigte einen Panzergraben. Die Neuausstattung beider Stellungen mit Waffen und Geräten gelang bis Frühjahr 1945 mit nur etwa zur Hälfte. Ende März begannen die Kämpfe gegen Gelnhausen, die an Neckar und Enz fast drei Wochen bis zum 19. April anhielten, Stuttgart wurde am 20.4.1945 besetzt.

Ergänzung zu S. 83

Der Isteiner Klotz (15 km nördlich Basel) steigt schroff rd. 110 m aus der Rheinebene auf, mit höchstem Punkt 305 m über NN. Die 1902-10 stark ausgebaute Feste mußte 1920 gesprengt werden. Ab 1936 neuer Ausbau im Vorgelände zum Rhein mit MG-Kampfständen und Unterständen in Stärke B sowie gepanzerten MG-Kasematten im Fels. Es folgten Stollen in unterschiedlichen Ebenen mit allen Versorgungsanlagen eines großen Werkes, dem Divisionsgefechtsstand und mit Bereitschaftsräumen. Ein Stollen wies eine Feldbahn mit 60 cm Spur für eine E-Lok und 10 Loren auf. Der von der rückwärtigen Straße Schlingen - Lörrach ausgebaute 2,55 km lange Stollen wurde 1942 fertig, andere Bauarbeiten liefen ab 1940 nur gering weiter. Beendigt wurden der Artillerie-Beobachtungsturm Dollmann (General) und der MG-Schartenstand Eckstein (Oberst) in A nahe Eisenbahntunnel Südeinfahrt. Insgesamt bestanden 113 betonierte Bauwerke, aber 1944 nicht mehr gefechtsbereit. Die Feste mußte am 24.4.1945 kampflos übergeben werden. Literatur H.J. Kühn sowie Hermann Schäfer.

Ergänzung zu S. 90, 5. Absatz 5

Mit Erlaß OKW/Gen.d.Pi. und Fest.Az. 11 L III Nr. 3361/42 g vom 17.6.1942 wurden die Richtlinien zwischen OT und Fest.Pi.Dienststellen über Abgrenzung der Aufgaben und für Zusammenarbeit beim Bau von Befestigungsanlagen angeordnet. Sie tragen die Unterschriften von Gen.d.Pi. Jacob für das OKW, von Ministerialdirektor Dorsch für die OT-Zentrale und für die Richtigkeit von Oberstleutnant Claus.

Ergänzung zu S. 121, 2. Absatz von unten

Nach der »Chronik des Zweiten Weltkrieges« von Hillgruber/Hümmelchen (Gondrom Verlag 1989) befahl Hitler am 12.8.1943 die sofortige Errichtung eines Ostwalles (Panther-Stellung) am Dnjebr und an der Desna. Weitere Daten zeigen eine Linie von Melitopol-Saporoshje-Dnjebr-Desna-Orscha-Witebsk-westl. Newel-Pleskau-Peipus-See-Narwa mit einer Länge von rd. 1700 km. Schon im Herbst 1943 erzwingen die Sowjets Durchbrüche, am 24.10. geht Melitopol verloren, am 10.11. ist die Verteidigung des Dnjebr auf 150 km aufgerissen. Die Heeresgruppe Nord weicht ab dem 18.2.1944 auf die Panther-Stellung zurück, wo die Kämpfe vom April bis Mitte Juli ruhen, doch Ende Juli wird bereits an der Rigaer Bucht gekämpft.
Nach nicht einem Jahr war der utopische Ostwall restlos durchbrochen, dessen Bau im Nordteil etwa bis Newel bemerkenswert, sonst kaum mehr als den Versuch für leichte Feldbefestigungen zuließ. Im Schrifttum ist über diese Panther-Stellung wenig zu finden, nur in der Geschichte der 23.I.D. und 30. I.D. ist sie kurz bei Pustoschka und Opotschka (90 km wnw von Welikije Luki) erwähnt. In »Die Pantherlinie« von Peter Dimt (Vowinckel Verlag 1990) beschreibt der ehemalige Unteroffizier einer Baukompanie anschaulich seinen Einsatz in der Nähe des Peipus-Sees. Baueinheiten des Heeres, Gruppen der OT beschäftigen zudem Zivilarbeiter, auch Frauen. Diese Arbeitskräfte waren im Bau von Behelfsbunkern, Stacheldrahthindernissen, Wegen, Panzergräben, Verlegen von Minen usw. einzuweisen. Dieses Buch zeigt deutlich die Erschwernisse einer solchen Baueinheit in Feindesland, auch im Kampf gegen Partisanen. Letztlich wurden die Baupioniere fast völlig aufgerieben.

Panther-Stellung

Front Juli 1943
Front Oktober 1943
Panther-Stellung

144